GUIDE DU PROMENEUR

AU

JARDIN ZOOLOGIQUE

D'ACCLIMATATION

CONTENANT

UNE SÉRIE DE NOTICES EXPLICATIVES
SUR TOUS LES ANIMAUX ET LES VÉGÉTAUX QUI Y EXISTENT
AVEC L'INDICATION
DE LEUR PATRIE ET DE LEURS USAGES

PRIX : 1 FRANC

AU JARDIN ZOOLOGIQUE D'ACCLIMATATION
DU BOIS DE BOULOGNE

MAI 1865

GUIDE DU PROMENEUR

AU

JARDIN ZOOLOGIQUE

D'ACCLIMATATION

Montdidier (Somme), — Typographie Radenez.

GUIDE DU PROMENEUR

AU

JARDIN ZOOLOGIQUE

D'ACCLIMATATION

CONTENANT

UNE SÉRIE DE NOTICES EXPLICATIVES
SUR TOUS LES ANIMAUX ET LES VÉGÉTAUX QUI Y EXISTENT
AVEC L'INDICATION
DE LEUR PATRIE ET DE LEURS USAGES

PRIX : 1 FRANC.

AU JARDIN ZOOLOGIQUE D'ACCLIMATATION
DU BOIS DE BOULOGNE

JANVIER 1865

JARDIN ZOOLOGIQUE

D'ACCLIMATATION

DU BOIS DE BOULOGNE

Président d'honneur :

Son Altesse Impériale Monseigneur le prince NAPOLÉON.

Conseil d'administration :

MM.

Le Baron JAMES DE ROTHSCHILD, *Président honoraire.*

DROUYN DE LHUYS, ministre des affaires étrangères, *Président.*

Le prince M. DE BEAUVAU, député, FRÉDÉRIC JACQUEMART, ANTOINE PASSY, } *Vice-Présidents.*

Le comte d'ÉPRÉMESNIL, membre du Conseil général de l'Eure, *Secrétaire général.*

A. DUMÉRIL, professeur administrateur au Muséum d'histoire naturelle. E. DUPIN, inspecteur des chemins de fer. } *Secrétaires.*

Le comte DE BIENCOURT.

PAUL BLACQUE, banquier.

BLOUNT, banquier, administrateur des chemins de fer.

Le vicomte J. CLARY, député.

J. CLOQUET, de l'Institut.

COSSON, secrétaire de la Société botanique de France.

COSTE, de l'Institut.

F. DAVIN, manufacturier.

Le baron ADOLPHE D'EICHTHAL.

Le duc DE FITZ-JAMES.
FLURY-HÉRARD, consul général de Perse, banquier du Corps diplomatique.
GERVAIS (de Caen), directeur de l'École supérieure de commerce.
GRANDIDIER, ancien notaire à Paris.
MICHEL POISAT.
POMME, ancien agent de change.
Le duc de LA ROCHEFOUCAULD-DOUDEAUVILLE.
Le baron ALPHONSE DE ROTHSCHILD.
RUFFIER, ancien agent de change.
Le vicomte DE SAINT-PIERRE.
Le baron SÉGUIER, de l'Institut.
PAUL SÉGUIN.
Le marquis DE SELVE, membre du Conseil général de Seine-et-Oise.
Le comte de SINETY.
Le marquis DE TORCY, député.
Le marquis DE VIBRAYE.
Le prince DE WAGRAM.

Membres adjoints :

DE BELLEYME, juge au tribunal de la Seine.
DE MONTIGNY, consul général de France en Chine.
RICHARD (du Cantal.)
Le docteur SOUBEIRAN.

Direction :

Le docteur RUFZ DE LAVISON, *Directeur.*
A. GEOFFROY SAINT-HILAIRE, *Directeur adjoint.*
H. COURNOL, *Secrétaire, caissier.*
JULES PINÇON, *Agent comptable.*
ANTOINE QUIHOU, *Jardinier en chef.*
MERCIER, *Inspecteur chargé de l'inscription des ventes.*
F. N. GALLARD, *Inspecteur surveillant.*

DAMES PATRONNESSES

DU JARDIN D'ACCLIMATATION DU BOIS DE BOULOGNE.

SA MAJESTÉ L'IMPÉRATRICE DES FRANÇAIS.
S. A. I. Madame la princesse CLOTILDE.
S. A. I. Madame la princesse MATHILDE.
S. A. Madame la princesse Julie BONAPARTE, marquise DE ROCCAGIOVINE.

Mmes ALFONSO.
D'ANDECY.
Ernest ANDRÉ.
ARTAUD.
BARING.
BAROCHE.
la duchesse de BASSANO.
la baronne BAUDE.
Élie DE BEAUMONT.
BEHIC.
Charles DE BELLEYME.
la marquise DE BETHISY.
Paul BLACQUE.
Arthur BLACQUE.
Édouard BLOUNT.
Mlle ROSA BONHEUR.
Mmes BOITELLE.
la baronne DE BRIMOMT.
Mlle la princesse Justine DE CASTELCICALA.
Mmes Chaix D'EST-ANGE.
la vicomtesse CLARY.
la marquise DE COLBERT-CHABANNAIS.
Mmes Jules CLOQUET.
Ernest COSSON.
la comtesse COWLEY.
la princesse DE CRAON.
DAVIN.
DEBAINS.
DELANGLE.
DROUYN DE LHUYS.
DUMAS.
Auguste DUMÉRIL.
Eugène DUPIN.
la comt[sse] D'ÉPRÉMESNIL.
la princesse D'ESSLING.
la duchesse DE FITZ-JAMES.
FLEURY.
FLURY-HÉRARD.
Achille FOULD.
FURTADO.
la vicomtesse DE GALARD
GAREAU.
GAUDIN.
la duchesse HAMILTON.
la baronne HAUSSMANN.

Mes la marquise D'HAUTPOUL.
Charles HEINE.
Frédéric JACQUEMART.
Le BOEUF.
la comtesse DE LÉMONT.
la duchesse DE MAILLÉ.
MARQUÈS DE LISBOA.
DE MAUPASSANT.
la princesse DE METTERNICH.
la comtesse DE MNISZECH
la marquise DE MONTALEMBERT.
MOITESSIER.
la comtesse DE MONTTESSUY.
REMY DE MONTIGNY.
MOQUIN-TANDON.
Ferdinand MOREAU.
la comtesse MORTIER.
la comtesse DE MOSBOURG
la comtesse D'ORAISON.
la duchesse DE PADOUE.
PAILLARD DE VILLENEUVE
la vicomtesse DE PAÏVA.
Antoine PASSY.
Isaac PEREIRE.
la comtesse DE PERSIGNY

Mlle Laure POMME.

Mes la comtesse DE POURTALÈS
la comtesse Constance DE RAYNEVAL.
la duchesse DE LA ROCHEFOUCAULD-DOUDEAUVILLE.

Mes la baronne DE ROMAN KAÏSAREFF.
la baronne James DE ROTHSCHILD.
la baronne Alphonse DE ROTHSCHILD.
ROUHER.
DE ROYER.
RUFFIER.
RUFZ DE LAVISON.
la baronne DE SAINT-DIDIER.
la maréchale DE SANTA-CRUZ.
Jules de SAUX.
SCHNEIDER.
la baronne DE SEEBACH.
la marquise SÉGUIER DE SAINT-BRISSON.
Charles SÉGUIN.
Paul SÉGUIN.
la marquise DE SELVE.
la comtesse DE SINETY.
la duchesse DE SOTOMAYOR.
la princesse STOURDZA.
la comtesse TASCHER DE LA PAGERIE.
la vicomtesse TERRAY DE MOREL-VINDÉ.
THOUVENEL.
TROPLONG.
la duchesse DE VALENÇAY
la marquise DE VIBRAYE.
la comtesse WALEWSKA.
la baronne DE WENDLAND

NOTICE

SUR

LE JARDIN ZOOLOGIQUE

D'ACCLIMATATION

Le Jardin zoologique du bois de Boulogne est destiné « à appliquer et propager les vues de la « Société impériale zoologique d'acclimatation, « avec le concours et sous la direction de cette Société ; par conséquent à acclimater, multiplier « et répandre dans le public toutes les espèces animales ou végétales qui sont ou qui seraient « nouvellement introduites en France et paraîtraient dignes d'intérêt par leur utilité ou par leur « agrément. » (Art. 2 de l'arrêté de concession.)

Le Jardin zoologique du bois de Boulogne est donc l'école pratique de l'enseignement et des expériences de la Société impériale d'acclimatation. C'est la réalisation de son programme. Dès l'origine de cette Société, 10 mai 1854, ses fondateurs annoncèrent dans les statuts que, pour atteindre le but qu'ils se proposaient, la création d'établissements spéciaux était indispensable. C'est qu'en effet il ne suffit pas de transporter les animaux et les végétaux d'un pays dans un autre, pour les y acclimater; il faut encore qu'ils y trouvent les conditions sans lesquelles ils ne sauraient vivre, une hospitalité convenable, un climat approprié à leur constitution et des soins intelligents. Or, c'est là ce qui a trop souvent fait défaut dans le passé ; et ce serait une longue et triste liste que celle des animaux et des végétaux exotiques qui, importés en Europe ou ailleurs, n'y ont eu qu'une existence éphémère et n'y ont même pas laissé de souvenir. Ainsi, ce n'est point assez que des hommes animés de l'amour du bien public scrutent les divers pays du globe pour enrichir nos jardins, nos champs et nos bois, il faut que leur œuvre soit accueillie et continuée par d'autres non moins zélés, et, ce qui est aussi essentiel, qu'elle trouve des conditions matérielles qui en assurent la réussite.

Dans cette vue, quelques établissements furent créés dans les Alpes et en d'autres lieux par les soins des Sociétés régionales d'acclimatation établies à Grenoble et à Nancy, et en Auvergne, par la Société mère elle-même, qui possède dans le département du Cantal la ferme dite de Souillard, important dépôt d'animaux. Mais cette localité n'est propre qu'à l'élevage des animaux de montagne, et, pour les autres espèces, la Société impériale d'acclimatation n'avait pu qu'entreprendre, chez quelques-uns de ses membres, des essais faits sur une trop petite échelle pour donner de grands résultats, loin d'ailleurs de la surveillance et des moyens d'action de la Société (1). Tout le monde comprit que c'était à Paris, siége de la Société, rendez-vous général des hommes éclairés de tous les pays, centre de toutes les grandes impulsions, que devait être l'établissement capital de la Société. On fit appel au principe de l'association, si fécond en grands résultats ; une souscription fut ouverte au capital d'un million, et divisée en 4,000 actions. Plus de la moitié de ces actions fut souscrite par les membres de la Société d'acclimatation qui, après avoir conçu la pensée du Jardin, voulurent encore le doter richement.

S. M. l'Empereur et S. A. I. le prince Napoléon, honorèrent l'entreprise de leur haut patronage.

Dès l'année 1858, une concession de quinze hectares et demi avait été faite dans le bois de Boulogne, par la ville de Paris, à cinq membres du bureau de la Société : MM. Isidore Geoffroy Saint-Hilaire, président de la Société, le prince Marc de Beauvau, Drouyn de Lhuys, Antoine Passy, vice-présidents, et le comte d'Éprémesnil, secrétaire général.

L'Empereur voulut bien, de sa main, agrandir le tracé de cette concession, et en porta les limites jusqu'à près de vingt hectares.

(1) Depuis l'ouverture du Jardin, la Société d'acclimatation a remplacé la ferme de Souillard par des dépôts à titre de cheptel placés chez divers propriétaires et dans des localités qui offrent les conditions les plus favorables au développement des animaux. Cette voie des cheptels est comme une seconde phase dans laquelle entre l'acclimatation.

Après les études préparatoires faites par M. Davioud, architecte de la ville, et approuvées par un conseil composé de trente-quatre des principaux actionnaires, on se mit à l'œuvre en juillet 1859. La direction des travaux fut d'abord confiée, sous la surveillance d'un Comité choisi parmi les membres du conseil d'administration, à l'habile directeur du Jardin zoologique de Londres, M. Mitchell, qui était venu offrir ses services pour l'établissement du nouveau Jardin. Une mort soudaine ayant enlevé M. Mitchell, après quelques mois (le 1er novembre 1859), le Comité s'est chargé lui-même de diriger les travaux. Ce Comité se composait, avec les cinq membres du bureau concessionnaire, de MM. E. André, Debains, Frédéric Jacquemart, Pomme, Ruffier, le comte de Sinety et Albert Geoffroy Saint-Hilaire, secrétaire du Comité, qui fut chargé, en cette qualité, de la direction provisoire.

MM. Debains, Jacquemart et Albert Geoffroy Saint-Hilaire s'occupèrent plus particulièrement des plans et de leur exécution ; MM. Isidore Geoffroy Saint-Hilaire, Pomme, le comte d'Éprémesnil et Albert Geoffroy Saint-Hilaire, de la formation du premier noyau de la collection des animaux.

Les travaux pour les constructions restèrent confiés à M. Davioud ; pour les dessins et la disposition du jardin, M. Barillet-Deschamps, architecte paysagiste du bois de Boulogne, sous la haute direction de M. Alphan, ingénieur en chef des promenades et plantations de la ville de Paris, prêta à l'entreprise le concours de sa grande expérience.

Quinze mois avaient suffi à l'accomplissement des travaux; et un monument, suivant l'expression d'un des zélés fondateurs de l'entreprise, M. Drouyn de Lhuys, « était élevé à la zoologie et à la botanique (1). »

Le 1er août 1860, M. le docteur Rufz de Lavison, ancien président du Conseil général de la Martinique, fut nommé directeur du Jardin et chargé de l'organisation des services; et à M. Albert Geoffroy Saint-Hilaire, directeur adjoint, fut confié spécialement ce qui concerne l'installation, l'hygiène, l'éducation et la propagation des animaux.

Le 6 octobre, S. M. l'Empereur voulut bien honorer de sa présence l'inauguration du Jardin, et le public y fut admis le 9 du même mois.

Le Jardin zoologique est situé dans cette partie du bois de Boulogne qui s'étend entre la porte des Sablons et la porte de Madrid, le long du boulevard Maillot, dont il est séparé par le saut de loup et par le chemin dit des Érables. Il a la forme d'une longue ellipse. A l'extrémité Est, près de la porte des Sablons, se trouve l'entrée principale; et à l'extrémité Ouest, près de la porte de Madrid, une entrée sur Neuilly (St-James).

Le plan général est un vallon à pentes insensibles, dont le milieu est occupé par une rivière qui, sur plusieurs points de son parcours, s'élargit

(1) Discours à la séance solennelle de février 1860.

en bassins où s'ébattent en liberté les oiseaux d'eau les plus variés.

Le côté droit (ou nord) en entrant, dont les constructions regardent le midi, a été réservé aux animaux habitués à de douces températures. C'est là qu'on voit la magnanerie pour les diverses sortes de vers à soie dont l'introduction en Europe est due à la Société d'acclimatation ; vers à soie du ricin, de l'ailante et du chêne placés à côté des vers du mûrier. Les dispositions adoptées permettent au public d'étudier ces animaux sans leur nuire. Autour de la magnanerie sont des plantations de mûriers, d'ailantes, de ricins et de chênes.

Plus loin on trouve la grande volière composée de 21 logements, chacun avec un parquet, et de deux pavillons carrés et en grillages; derrière est une infirmerie pour les oiseaux, et à côté deux bâtiments offrant sept parquets d'élevage pour les couvées de prix, et disposés de telle sorte que les animaux peuvent se montrer au public ou se soustraire à ses regards, à l'époque de la reproduction. On passe après à la poulerie contenant 28 logements avec autant de parquets devant et derrière. Cette poulerie est un vaste monolithe circulaire obtenu par le ciment Coignet, imperméable à l'humidité , et ne laissant aucune fissure où les insectes puissent se loger.

Puis vient le bâtiment où sont les kangurous.

La grande allée du Jardin que l'on a suivie jusqu'ici, se divise en deux branches, l'une conduit à la porte de sortie dite de Neuilly ; l'autre tourne vers le bâtiment des grandes écuries.

Ce bâtiment placé au centre du Jardin est partagé en vingt boxes pour les grands mammifères, hémiones, zèbre, chevaux, zébus, etc., etc. Au milieu est un pavillon à balcon, dont le rez-de-chaussée est destiné aux installations des petits mammifères et le premier étage aux exhibitions plastiques des animaux, pour les artistes qui les voudraient faire ; derrière est la cour, l'infirmerie et le logement du gardien des animaux.

Le côté gauche du Jardin (ou sud) présente, en remontant des grandes écuries vers l'entrée, un rucher où l'on peut voir le travail des différentes espèces d'abeilles et les différentes sortes de ruches où s'accomplit ce travail ; et l'aquarium, établissement d'un genre nouveau, construit sous la direction de M. Lloyd qui jouit pour ces sortes de travaux d'une réputation spéciale. Cet aquarium, beaucoup plus considérable que celui de Londres, consiste en 14 bacs de 1^{m} 80 de long sur 1 mètre de large chacun, fermés par des glaces à travers lesquelles on peut observer les animaux marins ou d'eau douce les plus intéressants et les plus singuliers, et étudier les mouvements et les mœurs de ces êtres qu'on n'avait guère vus jusqu'à présent que dans les armoires des musées. Les bacs que l'on voit dans le même bâtiment, dans le vestibule de l'aquarium, sont des appareils de pisciculture.

A l'aide d'une machine à pression disposée derrière cet aquarium, l'eau de mer est distribuée dans les divers compartiments, puis reprise, revivifiée, ramenée à une température convenable et rendue propre à la vie des animaux. D'un côté de l'aquarium se trouve le buffet et de l'autre le Jardin d'essai où sont cultivées les plantes reçues par la Société d'acclimatation.

Viennent ensuite les fabriques destinées aux mammifères, cerfs, antilopes, lamas, moutons, chèvres, tatous, etc., etc. Ces fabriques, et d'autres que l'on aperçoit en diverses parties du Jardin, et qui servent de logement aux grands échassiers, sont entourées de plus de soixante parcs enclos d'un grillage léger et solide, qui, tout en retenant les animaux, leur permet de courir en liberté, de porter leurs regards dans l'épaisseur du bois de Boulogne et de se croire au milieu de leurs forêts natales.

Au centre de l'un de ces parcs s'élève un rocher artificiel percé, à sa base, d'une grotte qui sert de passage et de lieu de repos pour les promeneurs, et dont le sommet présente souvent des mouflons à manchettes et des mouflons de Corse qui s'y suspendent pittoresquement.

Le grand bâtiment vitré que l'on voit, en retour, à gauche près de l'entrée principale, renferme la grande serre ou jardin d'hiver ; c'était autrefois la serre des frères Lemichez, admirée par la population parisienne au village de Villiers, sous le nom de palais des fleurs. Cette serre a été agrandie et embellie depuis sa transplantation au Jardin zoologique. Un salon de lecture chauffé en hiver occupe l'une de ses extrémités ; à l'autre est l'entrée principale indiquée par la marquise qui la recouvre. Les petites serres que l'on voit alentour sont des serres de reproductions destinées à l'entretien de la grande ; l'une d'elles pendant l'hiver sert de retraite aux perroquets, hoccos, colombi-gallines et autres oiseaux qui ont besoin d'une température chaude.

Cette installation de serres n'avait pas été primitivement comprise dans le plan du Jardin. C'est à une souscription particulière que l'établissement doit cet embellissement destiné à conserver aux yeux le plaisir des fleurs et de la végétation, alors que tous les autres jardins en sont dépouillés. Pendant les mois de janvier et de février la floraison des camélias fait de cette promenade chauffée un des lieux les plus curieux et les plus intéressants du Jardin.

S. M. l'Impératrice a bien voulu assister à l'inauguration des serres le 15 février 1861, et le lendemain, elles ont été ouvertes au public.

Des conférences pendant la saison d'été, faites par ceux de MM. les membres de la Société d'acclimatation qui veulent bien prêter leur concours à l'œuvre, font connaître le but que se propose la Société, tiennent au courant des expériences en voie d'exécution, et fournissent sur les animaux et les plantes qui se trouvent au Jardin tous les renseignements utiles à leur acclimatation.

Tel est présentement le Jardin zoologique du bois de Boulogne (1). Mais pour compléter la pensée de ses fondateurs et répondre à la bienveillance dont il a été constamment honoré par l'Empereur, le Jardin zoologique d'acclimation, sans s'écarter du but spécial qu'il se propose, veut prendre une part immédiate dans les grands services que le règne de Napoléon III rend chaque jour à l'agriculture française ; c'est dans ce but que l'administration du Jardin a obtenu, en addition à ses statuts,

(1) Le Jardin zoologique n'a pas entrepris d'acclimater, dans les limites de l'espace qu'il occupe au bois de Boulogne, tous les animaux et toutes les plantes utiles que contient l'Univers ; ce jardin n'est qu'un exemple de ce qui peut être tenté dans cette voie. En plaçant sous les yeux du public, comme dans une montre d'étalage, les richesses nouvelles qu'il est possible d'acquérir, on espère inspirer, par leur vue, aux personnes éclairées, le désir de tenter, en d'autres lieux du monde, de semblables essais. Il est à souhaiter que dans les principales villes de la France et de l'étranger, surtout dans les villes maritimes et dans les localités de plaines et de montagnes, il soit créé de semblables Jardins qui soient, pour ces villes, tout à la fois des établissements d'utilité et d'agrément. Les études d'acclimatation se feraient ainsi dans les conditions climatologiques les plus diverses ; ce qui est le seul moyen de savoir quels sont les sols et les climats les plus favorables à telles ou telles espèces végétales ou animales. Des Jardins d'acclimatation ainsi échelonnés dans toute la France, ou plutôt dans tout l'Univers, constitueraient une sorte d'association cosmopolite dont les grandes capitales seraient les centres. Ils serviraient d'intermédiaires pour se procurer sûrement et avec facilité les espèces dont on voudrait expérimenter l'acclimatation, suppléeraient à l'insuffisance individuelle des particuliers, favoriseraient merveilleusement les échanges, et seraient tout à la fois des stations d'attente, des écoles d'expériences, des marchés effectifs et des agences de renseignements.

le droit *de répandre*, *par des expositions et des ventes, les animaux et les végétaux de choix, d'origine française et étrangère* (1). Car le perfectionnement des espèces déjà acquises lui a toujours paru aussi important que l'acclimatation des espèces nouvelles ; et elle estime que transporter dans les provinces du Midi ou de l'Est les belles races bovines, ovines et chevalines qui font la richesse de celles du Nord ou de l'Ouest, c'est encore acclimater. Pour atteindre ce but, les projets d'une grande vacherie, d'une bergerie et d'une porcherie, et même d'un chenil (on se plaint généralement que les bonnes races de chiens disparaissent), sont à l'étude (2).

Tel sera le complément du Jardin zoologique du bois de Boulogne, créé, comme l'a si bien dit M. Isidore Geoffroy Saint-Hilaire, avec le concours

(1) En conséquence de cet article de ses statuts, deux grandes expositions de volatiles français et étrangers (1862 et 1863) — une exposition de races canines (1863) ; — une d'apiculture (1863) ; — une d'ostréïculture — 1864 ; — on eu lieu au Jardin et ont été accueillies avec la plus grande faveur par le public.

Les ventes d'animaux se sont élevées en 1861 à 38,813 f., — en 1862 à 73,710 f. 75 c., — en 1863 à 105,097 f. 30 c.

Les ventes d'œufs en 1861 à 9,943 f. 50 c., — en 1862 à 11,038 f. 05 c., — en 1863 à 10,306 f. 95 c. Présentement le Jardin du bois de Boulogne est le premier marché européen pour les beaux types d'animaux de basse-cour, poules, canards, faisans, pigeons, lapins, et même pour un grand nombre des espèces nouvellement introduites.

(2) On n'a pu encore élever à gauche en entrant, qu'un chenil de peu d'étendue, mais qui peut servir de modèle pour les constructions de ce genre.

de tous, dans l'intérêt de tous, et j'ajouterai, placé à la garde de tous.

Le Directeur,

RUFZ DE LAVISON.

AVERTISSEMENT.

Nous avons rangé, dans ce guide, les animaux à peu près dans l'ordre des familles naturelles ; mais comme il aurait été impossible de conserver ce même ordre dans l'arrangement du Jardin, l'Administration, pour faciliter les recherches, a fait placer sur chaque enclos ou parc, une étiquette portant le nom de l'animal en français et en latin. Ainsi, pour trouver la description de l'animal qu'il désire étudier, le lecteur n'aura qu'à en chercher le nom à la table alphabétique, à la fin du volume. D'ailleurs, la notice qui précède cet avertissement fait connaître la topographie du Jardin, et les parties plus spécialement consacrées à telle ou telle classe d'animaux.

P. VAVASSEUR,

Docteur en médecine de la Faculté de Paris,
Membre de la Société impériale zoologique d'acclimatation.

MAMMIFÈRES.

I. — CARNASSIERS.

Le Chien, le premier serviteur de l'homme, celui peut-être à qui il doit la conquête du monde animal, fait partie du genre *canis* qui contient plusieurs espèces sauvages et une domestique.

Les espèces sauvages qui existent sur plusieurs points du globe, n'ont point à figurer dans la collection du Jardin d'Acclimatation, puisqu'elles ne rendent à l'homme aucun service.

I

ESPÈCE DOMESTIQUE. (Canis domesticus).

DINGO (Canis Dingo)

Redevenu sauvage dans la nouvelle Hollande, sous le nom de Dingo, le chien domestique a perdu la plupart des caractères qu'il avait acquis en domesticité. Oreilles droites, museau allongé et pointu, queue à poils rudes et touffus, tout dans le Dingo concourt à lui donner la physionomie d'un loup de petite taille.

CHIEN DOMESTIQUE (CANIS FAMILIARIS).

Lors de la grande Exposition des races canines faite en 1863 au Jardin Zoologique d'Acclimatation, l'espèce des chiens domestiques a été classée en diverses catégories qui peuvent se diviser ainsi :

PREMIÈRE CATÉGORIE.

CHIENS D'UTILITÉ.

1re CLASSE.

Chiens de Berger.

Chien de Brie et autres Chiens de berger français.

2e CLASSE.

Chiens de Berger étrangers.

Chiens de berger allemands.
— anglais.
Chiens de berger écossais (Colly)
— russes, etc.

3e CLASSE.

Chiens de garde.

(Servant à la défense de l'homme et à la conduite des troupeaux).

1re SOUS-CLASSE.

Chien des Pyrénées.
— du Saint-Bernard.
— de Léonberg.
— de la Camargue.
— des Abruzzes.

Mâtin français.
— espagnol.
— écossais.
— de Saint-Domingue.
— du Mexique.
— breton, etc., etc.

2e SOUS-CLASSE.

Chiens de Terre-Neuve et du Labrador.

Chien de Terre-Neuve noir à poil ras.
— à poil frisé.
Chien de Terre-Neuve à poil blanc.
— du Labrador.

4e CLASSE.

Chiens Dogues (Mastiff).

Grand Dogue de Bordeaux.
Dogue blanc et noir.
— espagnol.
— de Cuba.
Dogue du Thibet.
— anglais à face noire (British Mastiff).
Etc.

5e CLASSE.

Bull-Dog.

Bull-dog bringé.
— noir et blanc.
Bull-dog blanc.
— jaune.

6e CLASSE.

Bull-Terriers.

(Rattiers).

1re SOUS-CLASSE.

Bull-Terriers au-dessus du poids de 5 kilos.

Bull-terrier bringé.
— blanc.
Bull-terrier fauve.
— noir, etc.

2e SOUS-CLASSE.

Bull-Terriers au-dessous du poids de 5 kilos.

Bull-terrier bringé.
Bull-terrier blanc.
Bull-Terrier noir.

7e CLASSE.

Terriers à poil ras.

(Rattiers).

1re SOUS-CLASSE.

Chiens Terriers au-dessus du poids de 4 kilos.

Terrier blanc.
— noir et feu.
Fox-terrier.
Terriers divers.

2e SOUS-CLASSE.

Chiens Terriers au dessous du poids de 4 kilos.

Terrier blanc.
— noir et feu.
Terriers russes.
— divers.

8e CLASSE.

Terriers à long poil.

1re SOUS-CLASSE.

Terrier griffon à nez simple.
Terrier griffon à double nez.

2e SOUS-CLASSE.

Terrier à long poil.
Scotch terrier.
Highland terrier.
Skye.
Terrier de l'Amérique du Sud.
Dandy-Dinmont.

9e CLASSE.

Chiens chassant spécialement la fouine, le putois et la martre.

10e CLASSE.

Chiens Danois.

Grand Danois.
Moyen Danois (Dalmatian).
Petit Danois (Arlequin).

DEUXIÈME CATÉGORIE.

CHIENS DE CHASSE A COURRE.

11e CLASSE.

Chiens courants français (Chiens d'ordre).

Chien de Saintonge.
— de Poitou.
— vendéen à poil ras.
— — griffon.
— normand.
— breton.

Chien de Gascogne de Bordeaux.
— de Gascogne de Toulouse.
— de Gascogne des Landes.
— de Saint-Hubert.
— de Bresse.
— d'Artois.

12e CLASSE.

Briquets et Chiens à lièvre.

Chien courant de la Haute-Marne.
— du Morvan.
— de Gascogne.

Chien courant normand.
— des Vosges.
— de Corse.

13e CLASSE.

Chiens courants anglais.

(Grandes races).

Bloodhound.
Talbot (Southern hound ou Old English hound).
Staghound.

Foxhound.
Kerry Beagle.
Otterhound.

14e CLASSE.

Chiens courants anglais.

(Petites races).

Harrier. — Beagles (grands et petits).

15e CLASSE.

Chiens courants divers.

(Races pures).

Limier allemand.
Chien courant suisse.
— russe.
Chien courant polonais.
— italien.
Schweisshund, etc.

16e CLASSE.

Chiens courants bâtards et croisements divers.

(Races confirmées).

17e CLASSE.

Chiens courants bassets de toute origine.

Basset à jambes droites, à poil ras.
— — à poil long
— torses, à poil ras.
— — à poil long
— du grand-duché de Baden
Basset de Burgos.
— de Saint-Domingue.
— d'Illyrie.
— hongrois.

TROISIÈME CATÉGORIE.

CHIENS DE CHASSE D'ARRÊT.

18e CLASSE.

Braques français.

Braque du Puy.
— picard.
— normand.
— ardennais.
Braque sans queue du Bourbonnais
— du Poitou.
— à double nez.
— d'Anjou.

19e CLASSE.

Braques anglais (Pointers).

Pointers de grandes races.
Pointers de petites races.

20e CLASSE.

Braques étrangers divers.

Braque espagnol, jaune et blanc.
— des Baléares.
Braque d'Italie (Chien bleu).
— du Bengale.

21e CLASSE.

Chiens de chasse épagneuls.

1re SOUS-CLASSE.

Épagneuls français.

Épagneul de Pont-Audemer.
Épagneul à double nez.

2e SOUS-CLASSE.

Épagneuls anglais (*Setters*).

Épagneul anglais (Setter).
— noir et feu (Gordon).
Épagneul écossais (noir, jaune).
Épagneul irlandais (rouge), etc.

3e SOUS-CLASSE.

Épagneuls étrangers divers.

Épagneul allemand.
Épagneul espagnol, etc.

22e CLASSE.

Épagneuls anglais.

(Petites races).

Épagneul basset (Clumber).
— du Norfolk.
— du Sussex (Springer).
Cocker du Devonshire.
— du pays de Galles.

23e CLASSE.

Épagneuls d'eau (Retrievers).

Retriever anglais.
— irlandais.
Épagneul d'eau à longues oreilles.
Water Spaniel.

24e CLASSE.

Barbets et Griffons d'arrêt.

1re SOUS-CLASSE.

Chiens Barbets.

Barbet de grande race.
Grand Barbet russe, etc.

2e SOUS-CLASSE.

Chiens Griffons.

Griffon français ou Bouffe.
Griffon autrichien, etc.

QUATRIÈME CATÉGORIE.

LÉVRIERS.

25e CLASSE.

Lévriers à poil ras.

Lévrier de Saintonge.
Greyhound.
Sloughi.
Lévrier de Grèce.
Lévrier tigré de l'Amérique du Sud.
Charnègue.
Lévrier des îles Baléares.

26e CLASSE.

Lévriers à long poil.

Lévrier persan.
— syrien.
— à loup d'Irlande (Wolf-hound).
— d'Écosse (Deerhound).
Lévrier russe.
— tartare.
— circassien.
— kurde.

CINQUIÈME CATÉGORIE.

CHIENS DE LUXE.

27e CLASSE.

Levrons.

Levrette italienne.
Petite Levrette de Syrie.
Chien turc (*nu*).
Chien nu du Mexique et de Chine.
Chien à crinière.

28e CLASSE.

Petits Épagneuls de luxe.

King Charles.
Bleinheim.
Gredin.
Épagneul chinois noir et blanc.
Chien du Japon, de Chine (à jambes courtes).

29e CLASSE.

Petits Caniches de luxe.

Bichon havanais.
— du Pérou.
— de Malte.
Bichon des Baléares.
— d'Autriche.
Chien lion.

30e CLASSE.

Chiens divers de luxe et d'appartements.

Carlin (Mopse ou Pug-dog).
Chien d'Alicante.

31e CLASSE.

Chiens des régions boréales.

(Grandes et petites races).

Chien de Poméranie (dit Loulou).
— d'Alsace.
Chien d'Islande.
— de Laponie.

SIXIÈME CATÉGORIE.

CHIENS EXOTIQUES.

32e CLASSE.

1° Chiens utilisés par l'homme en différentes contrées lointaines.

Chien des Esquimaux.
— de Sibérie.
— de Tartarie.
— du Kamtchatka.
— du Groënland.
Chien du Canada.
— à Kangurous.
— Kabyle.
— des basars d'Orient.

2° Chiens servant à la nourriture de l'homme.

Chien chinois (*canis edibilis*).
Poull de la Nouvelle-Irlande.
Chien comestible de l'Amérique du Nord.
Chien comestible de la Polynésie.

3° Chiens non soumis à l'homme.

Chien des Indes orientales, ou Dohle.	Chien de l'Himalaya, ou Wahh.
— de la Nouvelle-Hollande, ou Dingo.	— de l'Inde, ou Quao.

4° Chiens redevenus libres.

Chien Marron de l'Amérique.	Chien du cap de Bonne-Espérance.
— de la Nouvelle-Calédonie	— de Saint Domingue.
— de Sumatra.	

L'établissement est loin de posséder des représentants de ces diverses variétés de chiens. — L'administration fait étudier un projet de chenil où l'on pourra trouver des étalons des meilleures races françaises et étrangères.

Le Jardin possède en ce moment les types suivants :

LEVRIERS DE SIBÉRIE.

Envoyés par le *Jardin zoologique d'acclimatation de Moscou*, ces chiens sont remarquables par leur taille élevée ($0^{m}81$), leur pelage soyeux et épais, leurs formes sveltes et élégantes. Ils sont employés à la chasse du loup.

CHIENS LAPONS.

Don de S. Exc. M. le duc de Rianzarès.

Originaires de la Laponie Norvégienne, ces chiens servent à mener les traineaux, on les réunit au nombre de 20 ou de 30 pour conduire un voyageur. Ils ont les oreilles droites, la queue enroulée sur elle-même, le poil noir et garni en dessous d'une sorte de duvet très-touffu.

CHIEN DOGUE ESPAGNOL.

Race de moyenne taille employée à la chasse du sanglier.

Cette variété fortement charpentée est de couleur fauve, avec la face noire.

CHIEN DES PYRÉNÉES.

Blanche marquée de fauve ou de brun, à poil ras mais épais, cette race de forte taille, vigoureuse, alerte comme le :

CHIEN DE GAVARNI.

Défend dans les Pyrénées les troupeaux confiés à sa garde contre les attaques des ours et des loups.

Le chien de Gavarni est à longs poils, plus grand encore que le chien des Pyrénées ; sa robe est blanche et noire.

GRAND BARBET DU THIBET.

Envoyé à M. le Ministre de l'Agriculture par M. Eug. Simon, et donné au Jardin par Son Excellence.

Ce chien se fait remarquer par sa conformation puissante, son poil long, rude et touffu, sa couleur noire, ses membres, le tour de sa bouche et ses yeux marqués de feu. — Cet animal sert comme nos chiens montagnards à la défense des troupeaux.

CHIEN CANICHE.

Ordinairement blanc, à poil laineux et frisé, à grandes oreilles ; ce chien est bien connu par son intelligence extrême.

PETIT BARBET.

Originaire des Iles Baléares, cette race a donné naissance aux chiens Havanais, Maltais et autres, par suite de divers croisements. Elle est de petite taille, blanche et couverte d'un poil laineux plus ou moins brillant.

CHIEN CHINOIS BASSET.

Il a été trouvé dans le palais d'été de l'Empereur de la Chine; il se fait remarquer par la brièveté de ses jambes un peu torses, et par la longueur démesurée de son corps, ses poils sont longs et soyeux ; son museau camard rappelle celui des chiens connus sous le nom de King's Charles.

CHIEN CHINOIS NU.

Ramenée en France après la campagne de Chine, cette race est curieuse à observer à cause de sa nudité ; elle a la tête et les parties inférieures des membres recouvertes de poils, la queue présente aussi à son extrémité un bouquet de poils longs, tout le reste du corps est nu. Sa peau est noire et rugueuse. L'aspect étrange de cette race la fait rechercher. Il existe une variété de ces chiens à peau couleur de chair, dont les poils sont blancs de neige.

FURET. (MUSTELA FURO).

Allemand : *Die Frettwiesel.* — Anglais : *The Ferret.* — Espagnol : — Italien : *Il Furetto.*

Cet auxiliaire de l'homme pour la chasse du lapin n'est peut-être qu'une variété du putois ; on en distingue plusieurs variétés, une entre autres naine, qui a été fréquemment utilisée pour forcer les rats à sortir de leurs terriers.

II. — PACHYDERMES.

CHEVAL DOMESTIQUE. (Equus caballus).

Allemand : *Das Pferd.* — Anglais : *The Horse.* — Espagnol : *El Caballo.* — Italien : *Il Cavallo.*

1. RACE DE SIAM.

Envoi de S. M. le Ier Roi de Siam à l'Empereur, et don de Sa Majesté au Jardin.

Cette race de petite taille (1m14), propre au royaume de Siam, se trouve aussi au Pégu.

2. RACE NAINE DE JAVA.

Allemand : *Das javanische Pferd.* — Anglais : *The Javan's Poney.* — Espagnol : *Il Caballo enano javanès.* — Italien : *Il Cavallo dell' isola di Java.*

Elle est propre aux îles de la Sonde et particulièrement de Java ; son extrême petitesse l'a toujours fait rechercher ; elle se fait ordinairement remarquer par l'élégance de ses formes qui rappellent celles des chevaux arabes.

3. RACE NAINE DES ILES SHETLAND.

Allemand : *Das Shetlandische Pferd.* — Anglais : *The Shetland's Poney.* — Espagnol : *El Caballo enano Shetlandense.* — Italien : *Il Cavallo dell' isole di Shetland.*

Cette race vit à demi sauvage dans les vastes marécages des îles du nord de l'Écosse et spécialement des Shetland. Capables de supporter les plus grandes fatigues, ces chevaux sont d'une sobriété extrême et presque insensibles aux intempéries sous l'épaisse fourrure qui les revêt en hiver.

4. RACE NAINE D'ISLANDE.

Allemand : *Das Islandische Pferd.* — Anglais : *The Island's Poney.* — Espagnol : *El Caballo enano Islandense.* — Italien : *Il Cavallo dell' isola Islanda.*

Don de M. Jos. Halphen.

Plus petite encore que la précédente, la race islandaise rappelle par ses formes les chevaux des Shetland et jouit des mêmes qualités.

ZÈBRE. (Equus zebra).

Allemand : *Das Zebrapferd.* — Anglais : *The Zebra.* — Espagnol : *La Cebra.* — Italien : *Il Zebra.*

Don de M. Chabaud, Consul de France.

Originaire du cap de Bonne Espérance, cette espèce habite les contrées montagneuses, et vit en troupes, comme la plupart des solipèdes.

Les zèbres, que les romains désignaient sous le nom d'*Hippotigres*, deviennent d'année en année plus rares. On ne peut plus les rencontrer qu'à de grandes distances dans l'intérieur de l'Afrique.

Très-semblable par ses formes à l'âne, cet animal s'en distingue cependant par différents détails de conformation qui lui permettent de jouir de plus d'agilité et de célérité dans ses allures.

La force des zèbres est très-grande ; attelés régulièrement au Jardin, ils se laissent conduire avec docilité.

DAUW ou ZÈBRE DE BURCHELL.

(Equus burchellii).

Allemand : *Das Burchell's Zebra.* — Anglais : *The Burchell's Zebra.* — Espagnol : *La Cebra de Burchell.* — Italien : *Il Cavallo Zebra di Burchell.*

Cet animal propre aux parties montagneuses de l'Afrique centrale rappelle assez le cheval par ses formes. Il se distingue du zèbre par la brièveté de ses oreilles, par ses formes plus lourdes et par son pelage moins zebré.

Le zèbre, en effet, du bout du nez à l'extrémité des membres, est couvert de bandes blanches et noires alternant régulièrement. Le dauw, dont le fond du pelage est d'un roux clair, n'est zebré que sur la tête, le cou et la partie antérieure du corps; les reins, les cuisses, les membres sont de tons uniformes. Cette espèce serait apte, une fois domestiquée, à rendre les meilleurs services.

Une paire de dauws, qui a existé au Muséum d'histoire naturelle, s'y est reproduite jusqu'à la troisième génération, et dès la seconde, leur acclimatation était complète; leur dressage ne présente pas de grandes difficultés.

Celui du Jardin se laisse facilement atteler et a pu être conduit dans les rues de Paris.

HÉMIONE. (Equus hemionus).

Allemand: *Das Dschiggetai* oder *Hemionus*. — Anglais: *The Dziggetai*. — Espagnol: *El Hemione*. — Italien: *Il Cavallo emione*.

Ces animaux sont nés au Muséum d'histoire naturelle.

L'hémione vit en troupes, composées d'un mâle et d'une vingtaine de femelles ou de jeunes individus, dans les vastes déserts de la Tartarie orientale et de l'Inde. Sa vélocité à la course est si grande qu'elle est passée en proverbe dans les pays qu'il habite.

Une défiance extrême, une pétulance et une mobilité presque continuelles, ont fait longtemps regarder sa domestication comme impossible; cependant il n'a fallu que quelques mois pour dompter et pour dresser parfaitement au travail un de ces animaux.

Le premier individu qui ait paru en France était une femelle envoyée en 1835, à la ménagerie du Muséum par M. Dussumier. En 1838, le même voyageur fit parvenir à cet établissement un mâle et une femelle adultes. Depuis lors, ces animaux y ont vécu, et s'y sont régulièrement reproduits. Des croisements avec des ânesses, essayées dès 1840, ont donné pour résultat des métis participant des caractères du père et de la mère. L'hémione et ses métis sont appelés à prendre rang parmi nos animaux auxiliaires, entre le cheval et l'âne.

MÉTIS D'HÉMIONE ET D'ANESSE.

Donnés par MM. Audy et Debains.

Ces animaux obtenus en France proviennent des individus qui existent à la ménagerie du Muséum d'histoire naturelle de Paris ; ils sont capables de devenir d'excellentes bêtes de somme et de trait ; leur force et leur sobriété sont chaque jour constatés par les bons services qu'ils rendent au dedans et au dehors de l'établissement.

M. Audy s'est longtemps servi de l'individu qu'il a donné au Jardin d'acclimatation, comme de cheval de cabriolet ; ce même animal servait également de monture au fils de M. Audy, enfant de 12 ans.

HÉMIPPE. (EQUUS HEMIPPUS.)

L'Hémippe vit en troupes dans les déserts qui séparent Damas de Bagdad. Ce solipède ne fut découvert qu'en 1855 ; jusque là, sa présence en Syrie n'avait pas été signalée.

L'Hémippe ressemble assez à l'hémione ; il s'en distingue par sa taille un peu moindre, sa coloration d'un fauve roussâtre intense, surtout par la brièveté de ses oreilles, l'abondance et la longueur des poils de sa crinière et de sa queue.

On peut dire en quelque sorte que l'hémippe (ημι demi ιππος cheval) est au cheval, ce que l'hémione (ημι demi ὄνος âne) est à l'âne.

TAPIR D'AMÉRIQUE. (Tapirus americanus).

Allemand: *Der Tapir.* — Anglais: *The american Tapir.* — Espagnol: *El Anta.* — Italien: *Il Tapiro Anta.*

Donné par M. Bataille.

Le tapir, qui se trouve dans les Guyanes, au Brésil et au Paraguay, vit ordinairement solitaire dans l'intérieur des grandes forêts et ne sort guère que la nuit pour chercher sa nourriture, qui consiste en fruits et en racines.

Naturellement doux et timide, cet animal, pris jeune, s'apprivoise facilement et devient tout-à-fait familier. Considéré longtemps comme un objet de curiosité, le tapir a vécu très-bien en Europe, mais ne s'y est jamais reproduit. Ce pachyderme est tout aussi aisé à nourrir que le cochon ; sa chair abondante et de bonne qualité est très-recherchée au Brésil et à la Guyane ; son cuir est meilleur que celui du bœuf.

PÉCARI A COLLIER. (Dicotyles torquatus).

Allemand: *Der halsringe Nabelschwein.* — Anglais: *The Collared Pecary.* — Espagnol: *El Tajasú ó Jabalí con collar.* — Italien: *Il Dicotile con collare.*

3 individus donnés par MM. de Montravel, de Las-Cases et Dutrou-Bornier.

Propre à l'Amérique du Sud, commun au Paraguay et à la Guyane, le pécari a la forme et les apparences extérieures d'un jeune sanglier, mais il est beaucoup plus petit. Il vit dans les bois, par paires ou en troupes, et se retire dans le creux des arbres ou dans les trous creusés par d'autres animaux, où la femelle dépose ordinairement deux petits. Il se nourrit comme le cochon, de fruits et de racines, qu'il déterre avec son grouin allongé et très-mobile.

Très-facile à apprivoiser, le pécari vit en bonne intelligence avec les animaux de basse-cour. Sa chair est tendre et de bon goût, mais il faut avoir soin, au moment où l'on tue l'animal, d'enlever une glande qu'il porte à la région lombaire, et d'où suinte une humeur d'une odeur fort désagréable.

Cette espèce a plusieurs fois reproduit en captivité.

PÉCARI A LÈVRES BLANCHES.

(Dicotyles labiatus).

Allemand : *Der grüne Nabelschwein.* — Anglais : *The White'lipped Pecary.* — Espagnol : *El Tajasú tagúicoti.* — Italien : *Il Dicotile labbrato.*

Donné par M. Bataille.

Plus grand que le précédent et presque entièrement noir, il vit comme lui en bandes dans les solitudes de l'Amérique du Sud, surtout dans les parties boisées.

DAMAN DU CAP. (Hyrax capensis).

Allemand : *Der Klippendachs.* — Anglais : *The Hyrax.* — Espagnol : *La Marmota del Cabo.*

Le Daman, de la taille de la marmotte, avec laquelle il a quelque ressemblance, habite la côte orientale de l'Afrique et les environs du cap de Bonne Espérance.

L'Abyssinie et la Syrie nourrissent des espèces de daman voisines de celle-ci.

Cet animal vulgairement désigné sous le nom de *Lapin du Cap* se tient de préférence dans les lieux rocailleux ; se retire dans le creux des rochers et aime à se cacher dans les trous les plus étroits ; se nourrit de substances végétales.

Le daman, dont la chair est bonne à manger, fournit aussi un autre produit, c'est l'*hyraceum* qui est employé en pharmacie aux mêmes usages que le *castoreum*.

III. — RUMINANTS.

GUANACO ou LAMA SAUVAGE.

Allemand : *Der Guanaco* oder *Huanaco.* — Anglais : *The Huanaco.* — Espagnol : *El Guanaco.* — Italien : *Il Guanaco.*

Le Guanaco vit à l'état sauvage, en troupes nombreuses, dans les Andes de la Bolivie et du Chili, il se tient à des altitudes moyennes, mais en descend volontiers ; car on le trouve assez communément dans les plaines désertes de l'extrémité méridionale de l'Amérique.

Son pelage est fauve très-clair en dessus, blanchâtre en dessous. Il porte une belle toison de laine fine où dépassent des poils longs et rudes peu abondants.

Les Indiens lui font une chasse acharnée pour sa chair qu'ils aiment beaucoup et pour sa peau, qu'ils emploient pour faire des manteaux riches et chauds.

Le Guanaco s'est très-bien reproduit au Jardin d'acclimatation. Son caractère est vif, remuant, facile à effrayer et très-irascible. Il manifeste sa colère en crachant au visage de ceux qui l'inquiètent, c'est ce qui l'a fait souvent désigner sous le nom de *crache au nez.*

LAMA. (AUCHENIA LAMA).

Allemand : *Der Lama.* — Anglais : *The Llama.* — Espagnol : *La Llama.* — Italien : *Il Lama.*

Le Lama vit dans les régions élevées des Andes, en troupeaux plus ou moins nombreux, appartenant aux Indiens qui, ainsi qu'autrefois, s'en servent comme de bêtes de somme. C'est un animal doux et craintif.

La chair du lama est bonne à manger ; sa toison abondante sert à faire des couvertures et des tissus très-chauds ; enfin sa peau s'emploie à divers usages et remplace avantageusement celle du mouton.

Cette précieuse espèce a été importée en Europe à diverses reprises. La Société impériale d'acclimatation en poursuit avec persévérance l'introduction en France, et tout fait espérer que le succès couronnera ses efforts.

ALPACA. (Auchenia pacos).

Allemand : *Der Paco.* — Anglais : *The Alpaca.* — Espagnol : *El Alpaca.* — Italien : *Il Alpaca.*

Cet animal provient du troupeau amené par M. Roehn, pour la Société impériale zoologique d'acclimatation.

L'Alpaca vit dans les mêmes conditions que le lama, dont il diffère par sa taille un peu moindre et par sa toison longue et plus soyeuse qui atteint un très-grand degré de finesse. Jamais on ne le trouve à l'état sauvage. Sa laine sert à fabriquer de belles étoffes, et est devenue l'objet d'un commerce fort important.

L'acclimatation en France de cette espèce utile nous affranchirait du tribut que nous payons à l'Angleterre en lui achetant les tissus qu'elle fabrique, seule jusqu'ici, avec les laines d'alpaca qu'elle importe du Pérou.

VIGOGNE. (Auchenia vicunna).

Allemand : *Die Vicunna.* — Anglais : *The Vicugna.* — Espagnol : — Italien : *La Vigogna.*

(Nous croyons devoir dire quelques mots de ce précieux animal, quoiqu'il n'existe pas en ce moment au Jardin.)

La vigogne vit, comme le guanaco, à l'état sauvage dans les régions les plus élevées des Andes, sur les limites des neiges perpétuelles, en troupes plus ou moins nombreuses et dans les lieux les plus inaccessibles. Autrefois très-abondante, cette espèce devient de plus en plus rare et menace même de disparaître tout-à-fait, en raison de la chasse barbare que lui font les indigènes, pour se procurer sa chair et surtout sa laine qui, fine et douce comme le cachemire, est très-recherchée et obtient des prix fort élevés. La vigogne, d'un caractère doux et d'une excessive timidité, s'apprivoise avec la plus grande facilité. Quelques tentatives portent à croire qu'il serait possible d'amener cet animal à l'état de domesticité.

Ces quatre espèces, le guanaco, le lama, l'alpaca et la vigogne peuvene se croiser entre elles et donner des produits féconds.

L'abbé Cabrera, curé de Macusani (Pérou), a formé un troupeau d'alpavigognes dont la laine a dépassé en finesse et en qualité tout ce qui avait été produit jusque là.

L'administration du Jardin, pour apprécier l'action des différentes espèces de bêtes à laine américaines, les unes sur les autres, a croisé le lama et l'alpaca, l'alpaca et le guanaco. Les produits obtenus ont donné satisfaction, car les toisons de ces animaux surpassent en qualité celles que portent chacune des deux espèces d'où elles sont issues.

Les avantages que l'on pourrait retirer de ces ruminants dans nos climats ont depuis longtemps fait désirer leur acclimatation et leur propagation parmi nous. Dès 1765, Buffon conçut le projet d'enrichir nos Alpes et nos Pyrénées de ces animaux précieux. De nombreuses tentatives, faites depuis cette époque, ne réussirent pas par des causes diverses. Cependant elles n'ont pas été abandonnées, et tout porte à croire qu'à la fin elles seront couronnées de succès. Les lamas, guanacos et alpacas que possède le Jardin sont en parfait état, et leur reproduction est aussi régulière que celle de nos ruminants indigènes.

CHAMEAU A DEUX BOSSES.

(Camelus bactrianus).

Allemand: *Das Zweihockerige Kameel.* — Anglais: *The Bactrian Camels.* — Espagnol: Italien : — *Il Camello.*

Domestique dans presque toute l'Asie, de l'Arabie

et de l'Asie Mineure au lac Baïkal, supportant également au midi des chaleurs tropicales, et au nord des froids rigoureux, cette espèce rend dans ces contrées les services que les peuples d'Afrique tirent du dromadaire.

Le chameau se distingue au premier abord par les deux loupes graisseuses qui surmontent son dos ; sa couleur est ordinairement jaune claire, les poils très-allongés qu'il porte sous le cou et au sommet des bosses sont noirs, le reste du pelage est un lainage fin et très-épais qui peut fournir à l'industrie un excellent produit.

Le chameau de Bactriane a reproduit au Jardin.

CHEVROTAIN. (TRAGULUS MEMINNA).

Allemand : *Das Zwergmoschusthier.* — Anglais : *The Pigmy Musk.* — Espagnol : — Italien :

Don de M. Grimblot, Consul de France.

De la taille d'un lapin ordinaire, ce petit ruminant, originaire de l'île de Ceylan, est d'un pelage fauve brun taché de blanc tout le long du corps sur les côtés.

La chair du chevrotain est bonne à manger, mais c'est plutôt un animal d'ornement qu'un animal alimentaire.

Cette espèce a plusieurs fois reproduit au Jardin.

CHEVROTAIN KANCHIL. (TRAGULUS PYMÆUS).

Le kanchil vit à Java ; beaucoup plus roux et un peu plus petit que le meminna, il a la gorge ornée de trois larges raies blanches.

CERF COMMUN. (CERVUS ELAPHUS).

Allemand : *Der Edelhirsch.* — Anglais : *The Stag* or *red Deer.* — Espagnol : *El Ciervo comun.* — Italien : *Il Cervo comune.*

Cet animal, propre aux régions tempérées de l'Europe, vit à l'état sauvage dans les grands bois, et à demi domestique dans nos parcs. Quoique d'un naturel très-craintif, il s'apprivoise facilement. La chair du cerf est peu recherchée, mais celle de la biche et du faon est très-bonne.

On connait plusieurs variétés de l'espèce du cerf, notamment la blanche et celle à tête et pieds blancs.

CERF D'ALGÉRIE. (CERVUS BARBARUS).

Anglais: *The Barbery Deer.*

Donné par M. le général Khérédine.

Cette espèce habite les forêts du Nord de l'Afrique.

Elle se distingue de la précédente, par sa taille un peu moins grande, par les lignes de taches blanchâtres qui bordent l'échine de chaque côté.

CERF DE MANTCHOURIE. (CERVUS MANTCHOURICUS).

Allemand : *Der Mantchourische hirsch.* — Anglais: *The Mantchourian Deer.* — Espagnol : — Italien : *Il cervo della Mantchouria.*

Donné par S. Exc. M. Rouher, Ministre de l'agriculture, du commerce et des travaux publics.

Habitant des régions les plus froides du céleste Empire, ce cerf se rapproche du précédent. En hiver son pelage est presque semblable, mais au printemps il devient d'un roux vif éclatant, semé de taches blanches.

Il est à remarquer que pendant la saison froide le pelage de cette espèce est comme doublé d'un duvet des plus fins qui tombe au printemps.

CERF WAPITI. (CERVUS CANADENSIS).

Allemand: *Der Wapiti.* — Anglais: *The Wapiti Deer.* — Espagnol: — Italien : *Il Wapiti.*

Le plus grand de tous les cerfs, le wapiti vit au Canada et dans les parties les plus septentrionales du continent américain.

Sa conformation le rapproche assez du cerf commun, il s'en distingue cependant au premier abord par sa taille énorme, par sa queue d'une brièveté extrême, par son pelage généralement d'un fauve argenté, enfin par la coloration en jaune blanchâtre de ses reins et de ses cuisses.

La facilité avec laquelle le cerf wapiti se reproduit en Europe, permet d'affirmer que cette belle espèce est appelée à venir habiter nos bois.

CERF D'ARISTOTE. (CERVUS ARISTOTELIS).

Allemand : *Der Aristoteles's Hirsch.* — Anglais : *The Sambur Deer.* — Espagnol : *El Ciervo de Aristoteles.* — Italien : *Il Cervo d'Aristotele.*

Le cerf d'Aristote se trouve sur les côtes du Malabar et du Coromandel, au Bengale et dans le Népaul.

Il est plus grand que le cerf commun, et s'en distingue par son pelage d'un brun foncé, par la crinière qu'il porte sur le cou, par ses bois enfin qui ne présentent jamais que trois andouillers.

Cette espèce reproduit très-bien dans notre climat. M. Dussumier l'introduisit en France pour la première fois en 1838. Depuis lors, elle n'a cessé de reproduire tout à fait régulièrement.

CERF RUSA. (CERVUS HIPPELAPHUS).

Allemand : *Der javanische Hirsch.* — Anglais : *The Rusa Deer.* — Espagnol : *El Ciervo javanès.* — Italien : *Il Cervo di Java.*

Le cerf rusa habite l'archipel Indien et surtout les îles de Java et de Bornéo, où il vit, par troupes de cinquante à cent individus, dans les lieux découverts, coupés par des halliers épais. Sa chair passe pour un morceau friand parmi les habitants de ces îles. Les individus introduits en Europe s'y sont régulièrement reproduits.

CERF DE COCHINCHINE.

Don de M. le colonel Marchaise.

Ce cerf est originaire de Cochinchine.

Les bois de cet animal n'étant pas encore poussés, il n'a pas été possible de le déterminer. Cette espèce se rapproche beaucoup par ses formes charnues et sa coloration noire, du cerf cheval et du cerf hippelaphe, originaires tous deux de l'Archipel Indien.

CERF-COCHON. (CERVUS PORCINUS).

Allemand : *Der Schweinhirsch.* — Anglais : *The Hog* or *Porcine Deer.* — Espagnol : *El Ciervo porcino.* — Italien : *Il Cervo porco.*

Un cerf et deux biches ont été donnés par M. Grimblot, Consul de France.

Ce cerf, l'un des plus petits du genre, se trouve à Ceylan et le plus ordinairement au Bengale. Dans certaines contrées, il a été réduit, depuis longtemps déjà, à une sorte de domesticité ; on l'engraisse et on le mange comme le cochon chez nous. C'est même de là que lui vient le nom qu'il porte, et non d'une ressemblance extérieure avec le porc.

C'est à M. Dussumier que sont dus les premiers individus vivants venus en France en 1835. Depuis lors, ils y ont très-bien vécu, et se sont reproduits régulièrement.

La facilité avec laquelle cet animal s'apprivoise, sa rusticité et sa fécondité font vivement désirer sa propagation en France ; car sa chair fournirait un nouvel et bon aliment.

CERF AXIS. (CERVUS AXIS).

Allemand : *Der Axishirsch.* — Anglais : *The Axis Deer.* — Espagnol : *El Ciervo manchado.* — Italien : *Il Cervo indiano.*

Un cerf et une biche de Siam, ont été donnés par S. M. l'Empereur.

La partie australe de l'Asie, jusqu'aux forêts basses de la chaîne de l'Himalaya, est la patrie de l'axis.

Cet animal, remarquable par sa robe fauve semée régulièrement de taches blanches, paraît avoir été introduit vers le milieu du siècle dernier en Europe où il se reproduit aussi facilement que le daim.

On peut dire de l'axis qu'il est acquis à nos parcs.

CERF DU MEXIQUE. (CERVUS MEXICANUS).

Allemand: *Der Mexicanische Hirch.* — Anglais: *The Mexican Deer.* — Espagnol: *El ciervo.* — Italien: *Il Cerva Mexicano.*

Don de S. Exc. M. le maréchal Forey, et de M. Lecoq.

De la taille du daim, cette espèce dont la robe est grise souris, se fait remarquer par la conformation de ses bois aplatis et ramenés en avant.

Le cerf du Mexique reproduit bien en Europe ; il est remarquable par sa familiarité, et peut promettre à nos bois un nouveau gibier.

CERF DES BOIS. (CERVUS NEMORIVAGUS).

Allemand: *Der braune Spiesshirsch.* — Anglais: *The Guazubira.* Espagnol: *El Venado del monte ó Guazubirá.*

Un cerf et une biche ont été donnés par M. le marquis de Brossard.

Cette espèce importée pour la première fois en 1862, grâce aux soins de M. le marquis de Brossard, s'est multipliée au Jardin.

Il est à désirer que ce joli cerf soit répandu, car il en est peu qui l'égale en élégance.

Le guazubira appartient à cette famille de cerfs dont les bois ne prennent jamais d'andouillers et que l'on appelle pour cela cerfs daguets.

Cette espèce est propre à l'Amérique du Sud, elle vit dans les forêts du Paraguay, du Brésil et de la Confédération Argentine.

DAIM ORDINAIRE. (CERVUS DAMA).

Allemand : *Der Dammhirsch.* — Anglais : *The fellow Deer.* — Espagnol : *El Damo.* — Italien : *Il Cervo daimo.*

Le daim , abondamment répandu dans toutes les contrées tempérées de l'ancien continent, vit en troupes dans les parcs et préfère aux grandes forêts les bois couverts, les champs et les collines. Son pelage ordinairement roux tacheté de blanc, présente souvent des variétés de couleurs dont les plus remarquables sont la noire et la blanche. D'un naturel doux et timide, il s'apprivoise beaucoup plus facilement que les autres cerfs. Sa chair est regardée en Angleterre comme le gibier par excellence; sa peau est recherchée par l'industrie du chamoiseur.

RENNE. (CERVUS TARANDUS).

Allemand : *Das Renthier*. — Anglais : *The Reindeer*. — Espagnol : — Italien : *La Renna*.

Envoi de la Société zoologique d'acclimatation de Moscou.

Le renne se rencontre en Europe, en Asie et en Amérique autour du pôle arctique. Animal auxiliaire, alimentaire et industriel, il rend aux hommes des pays qu'il habite les plus grands services. Attelé, il franchit les steppes couvertes de neige ; sa chair, son lait sont des aliments excellents ; sa peau fait de chauds vêtements ou des lanières ; ses os et ses bois eux-mêmes sont employés à divers usages.

Domestiqué dès la plus haute antiquité, le renne se trouve déjà figuré sur ces objets fabriqués dans les temps anté-historiques, et que les fouilles modernes exhument aujourd'hui des cavernes.

L'espèce du renne présente cette particularité que le mâle et la femelle portent des bois.

On trouve encore en Laponie des troupes de rennes sauvages.

ANTILOPE BLESSBOCK. (DEMALIS ALBIFROUS).

Anglais : *The Bless bock Antelope.*

Don de M. G. Chabaud, Consul de France.

Le blessbock habite le Sud de l'Afrique, il se fait remarquer par son pelage d'un roux foncé, ses cornes en lyre.

Cette espèce est encore aujourd'hui d'une grande rareté, mais ce qu'on connaît de ses habitudes permet d'espérer qu'elle se reproduira facilement dans nos parcs.

ANTILOPE ISABELLE.

Cette espèce d'Afrique, mal déterminée jusqu'ici, est sans doute l'*Antilope Delalandii;* mais il est très-difficile de déterminer une femelle qui est sans cornes.

ANTILOPE-GAZELLE. (Antilope dorcas).

Allemand : *Die Gazelle.* — Anglais : *The Gazelle.* — Espagnol : *La Antilope Gacela.* — Italien : *La Gazella affricana.*

Don de M. le commandant Loche, de M. le colonel Marguerite et de M. le général Khérédine.

Plus petit que le chevreuil, cet animal, mentionné par Élien sous le nom de *Dorcas,* vit en troupes nombreuses en Afrique et s'étend jusqu'en Syrie. Quoique d'une timidité extrême, l'antilope-gazelle se défend néanmoins vigoureusement contre ses ennemis. Elle s'apprivoise avec la plus grande facilité, et sa chair est fort bonne à manger.

ANTILOPE DE SŒMMERING.

(Antilope sœmmeringii).

Allemand : *Die sommeringsche Antilope.* — Anglais : *The Sœmmering's Antilope.*

Don de M. Hilaire Dugied.

Cette antilope, de la grandeur du daim, a la tête marquée de trois bandes noires, dont la moyenne est la plus large, elle est propre à l'Abyssinie. Sa chair est très-bonne à manger.

ALGAZELLE ou ANTILOPE LEUCORYX.

(Antilope Leucoryx).

Allemand : *Die Sabelantilope.* — Anglais : *The Leucoryx.* — Espagnol : *La Antilope Oriz.* — Italien : *La Gazella bianca.*

L'algazelle, originaire de l'Afrique centrale, se trouve

depuis la Nubie jusqu'au Cap, et vit dans les lieux déserts, en troupes plus ou moins nombreuses, qui forment la proie ordinaire des lions et des panthères. Comme ses congénères, elle est d'une douceur et d'une timidité extrêmes, s'apprivoise très-aisément et s'est plusieurs fois reproduite en Europe. Sa chair est, dit-on, d'une très-bonne qualité.

ANTILOPE NYLGAU. (ANTILOPE PICTA).

Allemand : *Der Nylgau*. — Anglais : *The Nylghaie*. — Espagnol : *La Antilope pintada ó Nilgó*. — Italien : *L'Antilope dipinta*.

Cet animal, originaire du bassin de l'Indus, se trouve spécialement dans les vallées qui séparent ce fleuve de la Tartarie et dans le pays de Cachemire. Il habite les forêts solitaires les plus épaisses, d'où il ne sort que le matin et même la nuit pour venir pâturer dans les lieux découverts.

Le Nylgau est d'une timidité excessive qui le fait s'effrayer de tout, au point de se précipiter sur ce qu'il rencontre et même de se tuer contre les obstacles. Cependant, on parvient à l'apprivoiser et même à le rendre familier.

C'est en 1767 qu'on a vu, en Angleterre, dans le parc de lord Clive, le premier couple de ces animaux vivants introduits en Europe. Depuis, un autre couple fut envoyé en présent, de Bombay, à la reine d'Angleterre; en 1774, il en existait aussi dans le parc du château royal de la Muette. Non-seulement ces individus ont vécu sans paraître souffrir du climat, mais ils se sont reproduits plusieurs fois. Depuis lors, la même chose a eu lieu dans toutes les ménageries de l'Europe; au Jardin entre autres, cette reproduction a été très-abondante et les petits ont été élevés par la mère sans plus de difficultés que ceux de nos ruminants domestiques.

Outre sa chair savoureuse et très-recherchée dans l'Inde depuis des temps très-reculés, le nylgau fournit un cuir d'une grande épaisseur et d'une résistance extrême, dont l'industrie pourrait tirer un excellent parti. Ces avantages font vivement désirer que l'on parvienne à multiplier chez nous cette espèce, qui pourrait devenir un animal de chasse.

GNOU. (CATOBLEPAS GNU).

Allemand; *Der Gnu.* — Anglais : *The white-tailed Gnu.*

Don de M. G. Chabaud, Consul de France.

Le Gnou fut connu des anciens qui le nommaient *Catoblepas* et mentionné par Pline, qui dit: « Il tient toujours la tête penchée vers la terre pour ne pas détruire la race humaine, car tous ceux qui voient ses yeux meurent aussitôt. » Cet animal a en effet un aspect redoutable. Sa tête est armée de deux longues cornes qui descendent d'abord obliquement, puis se redressent brusquement. Une touffe de poils raides sur le chanfrein, une barbe, un fanon et une crinière hérissée lui donnent une physionomie effrayante. Sa queue est garnie de longs poils blancs et toute la partie postérieure du corps, couverte de poil ras, ressemble à celle d'un petit cheval. Il vit par troupes nombreuses dans les montagnes au Nord du Cap de Bonne-Espérance. Très-sauvage, il se laisse difficilement approcher, et effrayé, il frappe la terre de son pied comme le cheval, puis s'enfuit avec une extrême vitesse.

L'individu que possède le Jardin est le premier qui ait paru vivant en France.

BŒUF DOMESTIQUE. (BOS TAURUS).

Allemand : *Der gemeine Rind.* — Anglais : *The Ox.* — Espagnol : *El Buey.* — Italien : *Il Bove.*

Race sans cornes dite Sarlabot.

Don de M. Dutrône.

Cette race désarmée a été créée par M. Dutrône; l'absence de cornes dans les deux sexes est devenue aujourd'hui normale dans cette variété.

BŒUF A BOSSE ou ZÉBU. (BOS INDICUS).

Allemand : *Der Zebu.* — Anglais : *The Zebu.* — Espagnol : *El Zebû.*
Italien : *Il Zebu.*

Les zébus se distinguent des autres espèces de bœufs par la bosse qu'ils portent au-dessus du garrot, par la finesse de leurs membres, et par quelques détails de conformation de leur crâne.

Cette espèce domestique depuis les temps anté-historiques se trouve répandue sur une grande partie du globe. On la rencontre dans l'Inde et dans tout le centre de l'Afrique.

Sa conformation lui permet de porter comme une bête de somme, mais ces bœufs sont aptes surtout à traîner, ils peuvent trotter et soutenir cette allure.

La chair des zébus est bonne, et leur cuir des meilleurs, mais ils manquent absolument de qualités laitières.

1. ZÉBU DU SÉNÉGAL.

Don de S. Exc. M. le Ministre de l'Agriculture.

2. ZÉBU TROTTEUR DE COCHINCHINE.

Don de S. Exc. M. le Ministre de la Marine.

3. ZÉBU NAIN DE L'INDE.

Ces deux dernières variétés de petite taille, sont employées aux transports rapides ; elles rendent beaucoup de services dans leur patrie où les chevaux sont rares ; les grandes races comme celles du Sénégal sont employées aux labours et aux gros charrois.

YACK ou BŒUF A QUEUE DE CHEVAL.

(BOS GRUNNIENS).

Allemand : *Der Yack.* — Anglais : *The grunting Bull* or *Yak.* — Espagnol : *El Buey gruñidor.* — Italien : *Il Bove grugnante.*

L'yack, si remarquable par la conformation de son garrot, de ses reins et de sa croupe, par la longue et abondante toison qu'il porte, est originaire de l'Asie centrale et spécialement des montagnes de l'Hymalaya, où il vit en troupes, dans les endroits les plus froids.

Cet animal aime l'eau et nage fort bien. Il ne mugit pas comme nos bœufs ordinaires, mais fait entendre une sorte de grognement, d'où lui est venu le nom de *Bœuf grognant*, qu'il porte en français et en plusieurs langues.

Les Tartares nomades ne se servent pas de cet animal pour labourer, mais ils l'emploient comme bête de somme.

La toison de l'yack se compose de poils longs et soyeux et d'un duvet d'une grande finesse. Avec les poils on fabrique des tentes et des étoffes grossières tout à fait imperméables, avec le duvet des tissus qui pour la finesse peuvent lutter avec ceux obtenus de la précieuse matière de Cachemire.

La queue garnie de beaux crins plus fins et plus souples que ceux du cheval, est estimée dans tout l'Orient; chez les Persans et chez les Turcs, elle est la marque distinctive de certaines dignités militaires; enfin sa chair est très-bonne et son lait excellent.

Le bœuf à queue de cheval, il y a quelques années, n'était guère connu que par un individu vivant qui avait existé à la ménagerie de lord Derby, mais il n'avait jamais été vu en France. En 1854, M. de Montigny, alors consul général à Chang-Haï (Chine), a amené lui-même en France un troupeau de douze têtes, qu'il avait fait venir à grands frais du Thibet, en vue de les acclimater dans notre pays.

Ce troupeau a été distribué dans diverses localités froides et montagneuses, où il n'a pas cessé de prospérer et de se multiplier régulièrement.

Il comprenait des animaux appartenant à trois races différentes; une noire et une blanche sans cornes, une blanche cornue. Le Jardin ne possède que :

1. RACE BLANCHE.

Les Spécimens de cette race proviennent du troupeau de la Société impériale zoologique d'acclimatation.

2. RACE NOIRE.

Don de M. le Duc de Morny.

MÉTIS D'YACK.

a. Vache obtenue d'un Yack et d'une Vache ordinaire.
b. Taureau obtenu de la précédente et d'un Yack.
c. Vache obtenue de la métisse (a) et d'un Taureau zébu.
d. Vache obtenue de la métisse (a) et d'un Taureau ordinaire.

L'yack s'allie à la vache ordinaire et donne des métis féconds. Ce croisement qui reçoit dans l'Inde le nom de *Dzo*, donne un produit qui participe des aptitudes de nos bestiaux ordinaires et de celles si spéciales de l'yack.

La Société impériale d'acclimatation étudie en ce moment quel parti on peut tirer de ce croisement qui pourrait fournir à nos régions montagneuses un auxiliaire doué de qualités très-appropriées aux localités montagneuses les plus difficiles.

BUFFLE (Bos bubalus).

Allemand : *Der Büffel*. — Anglais: *The Buffalo*. — Espagnol: *El Bufalo*. — Italien : *Il Bufalo*.

Originaire de l'Inde et introduite en Europe vers le septième siècle, cette espèce qui diffère par des caractères importants du bœuf domestique, se trouve principalement en Hongrie et en Italie. Le buffle aime à se plonger dans l'eau et surtout à se rouler dans la fange ; il nage très-bien et est beaucoup plus agile que ne le feraient croire ses formes lourdes. A l'état sauvage c'est un animal farouche et d'une force prodigieuse, s'irritant facilement et ne reculant jamais devant le danger. Cependant on l'a réduit en domesticité, et il sert de bête de somme et de trait dans plusieurs pays. Sa chair est assez bonne et sa peau très-épaisse est recherchée pour certains usages.

RACE CAPRINE D'ÉGYPTE.

(CAPRA ÆGYPTIACA).

Allemand : *Die Ægyptische Ziege*. — Anglais : *The Ægyptian Goat*. — Espagnol : *La Cabra egipciana*. — Italien : *La Capra d'Egitto*.

Cette espèce, commune dans le Nord de l'Afrique et principalement dans la haute Égypte où elle est domestique, se distingue des autres par ses oreilles larges et pendantes, et par son chanfrein extrêmement busqué.

Importées en France, il y a une vingtaine d'années, plusieurs de ces chèvres ont vécu au Muséum d'histoire naturelle. Introduites de nouveau, depuis peu d'années, elles se sont bien acclimatées et régulièrement reproduites.

Elles sont renommées pour leurs qualités laitières.

RACE CAPRINE DE TUGGURT.

Don de Mme Élie de Beaumont, née de Quélen.

Cette espèce appartient au Nord de l'Afrique. Ses oreilles sont pendantes, son pelage est d'un roux vif et marqué sur le dos d'une raie noire qui s'élargit sur la croupe pour former une sorte de manteau.

RACE CAPRINE DU NÉPAUL.

(CAPRA JEMLAICA).

Anglais : *The Jharal* or *Tehr*.

Don de M. Fontaine.

Cette espèce à tête très-mince, à chanfrein étroit, à oreilles tombantes, teintées de fauve, plus longues que la tête, et à poils très-longs, d'un beau noir, habite les montagnes les plus élevées de l'Inde, au delà de la région des forêts et près des neiges perpétuelles. Elle vit en troupes de vingt à trente, qui paissent le matin et le soir dans les parties découvertes et se retirent pendant le jour dans les lieux les plus inaccessibles.

RACE CAPRINE GÉANTE DE L'INDE.

Don de M. Moyse, capitaine au long cours.

Le bouc de cette race que possède le Jardin ne mesure pas moins de 92 centimètres au garrot, sa couleur est un fauve brun, marqué de noir sur l'échine et la tête.

Ses cornes sont très-courtes, ses oreilles larges, longues et pendantes.

RACE CAPRINE NAINE DU SÉNÉGAL.

(CAPRA DEPRESSA).

Allemand : *Die kleine Ziege.* — Anglais : *The little african Goat.* — Espagnol : *La Cabra enana del Senegal.* — Italien : *La Capra d'Affrica.*

Don de M. Alfred de Sennal.

Cette espèce, remarquable par sa petite taille et par ses formes arrondies est originaire des parties méridionales de l'Afrique et se trouve communément au Sénégal.

Elle s'engraisse avec facilité et sa chair est beaucoup meilleure que celle de l'espèce ordinaire.

RACE CAPRINE DU NIGER.

Don de M.......... Consul de France à Bathurst.

Très-semblable à la chèvre du Sénégal, la chèvre du Niger s'en distingue par les cornes qu'elle porte et qui sont au nombre de quatre.

RACE CAPRINE D'ANGORA.

(Capra angorensis).

Allemand: *Die angorische Ziege.* — Anglais: *The Angora Goat.* — Espagnol: *La Cabra de Angora.* — Italien : *La Capra d'Angora.*

Ces animaux proviennent des troupeaux introduits en 1854, par la Société impériale zoologique d'acclimatation, par M. le maréchal Vaillant et par l'Émir Abd-el-Kader.

La chèvre d'Angora se trouve dans quelques districts de l'Asie-Mineure surtout à Angora et dans ses environs, où on l'élève en troupeaux qui vivent presque toute l'année à l'air et se tiennent de préférence sur les collines sèches ; car les plaines humides et le voisinage des forêts ne leur conviennent pas.

Cette espèce se distingue de toutes les autres par son poil long, fin, soyeux et brillant, qui est très-recherché par l'industrie. Sa chair est d'un goût parfait.

On avait essayé à plusieurs reprises, mais sans succès, de l'introduire dans nos pays, lorsqu'en 1854, la Société impériale zoologique d'acclimatation fit venir à ses frais, un troupeau de 76 têtes, qui, réunies à 16 autres que l'Émir Abd-el-Kader avait envoyées à M. le maréchal Vaillant, ont été placées chez différents propriétaires.

Ces divers troupeaux sont dans l'état le plus prospère, et on a vu, à la dernière exposition des produits agricoles, les magnifiques tissus fabriqués avec leurs toisons, par M. Davin.

MOUFLON DE CORSE. (Ovis musimon).

Allemand : *Der gemeine Mouflon.* — Anglais: *The Muflon.* — Espagnol: *La Oveja silvestre de Corcega.* — Italien : *Il Muflone.*

Cet animal mentionné par Pline, sous les noms de *Musmon* et de *Ophion,* habite les parties les plus élevées de la Corse et de la Sardaigne, où il vit à l'état sauvage en troupes nombreuses qui ne quittent jamais les parties hautes des régions montagneuses, mais se tiennent toujours au-dessous des neiges perpétuelles.

Les mouflons sont d'une timidité et d'une défiance extrêmes; mais pris jeunes, ils s'apprivoisent facilement et s'élèvent en domesticité.

Le croisement du mouflon avec la brebis ordinaire, et *vice versâ*, donne des métis féconds, désignés par les anciens sous le nom de *Umbri*.

Le Jardin a possédé quelques uns de ces métis.

On a cru longtemps que le mouflon était la souche du mouton domestique; mais des recherches récentes font penser que ce dernier est d'origine asiatique.

La chair du mouflon, surtout celle des jeunes, est très-bonne.

MOUFLON A MANCHETTES. (OVIS TRAGELAPHUS).

Allemand : *Das afrikanische Wildschaf.* — Anglais : *The maned Muflon.* — Espagnol : *La Oveja silvestre de Africa.* — Italien . *Il Muflone d'Affrica.*

Cet animal habite les lieux déserts et escarpés du Nord de l'Afrique, et se trouve jusqu'en Égypte. Il diffère principalement du précédent par sa taille plus grande, par sa coloration jaunâtre, par les touffes de poils qui entourent le bas de ses jambes et par la longueur de sa queue. Sa chair est très-bonne à manger.

MOUTON DOMESTIQUE. (OVIS ARIES).

Allemand : *Das zahme Shaf.* — Anglais : *The Sheep.* — Espagnol : *El Carnero doméstico.* — Italien : *Il Montone domestico.*

MÉRINOS.

Allemand : *Das Merinoschaff.* — Anglais; *The Merino.* — Espagnol ; *El Carnero Merino.* — Italien ; *Il Montone Merino.*

Cette race, si précieuse par la beauté et la finesse de sa laine, n'est pas propre au sol de l'Espagne; elle est, dit-on, originaire du Nord de l'Afrique; mais on ignore l'époque de son introduction dans la péninsule ibérique.

Après avoir, pendant des siècles, appartenu exclusivement à cette contrée, le mérinos est aujourd'hui répandu dans tout le monde.

Colbert, le premier, eut la pensée de l'introduire en France. Depuis lors plusieurs tentatives furent faites avec peu de succès, jusqu'en 1776 que Daubenton les reprit avec un troupeau de 200 mérinos achetés en Espagne par le gouvernement. L'expérience réussit complètement; mais les préjugés des éleveurs firent encore avorter ces heureux commencements. Enfin en 1786, Louis XVI fit venir d'Espagne un troupeau de plus de 300 têtes qui fut établi à Rambouillet, et est devenu la souche d'un très-grand nombre d'autres en France et dans le monde entier.

1. RACE MÉRINOS DE NAZ.

Don de M. le général baron Girod (de l'Ain).

C'est à MM. Girod de l'Épeneux, Perrault de Jotemps, Montanier et Girod de l'Ain qu'est due la création de cette race supérieure connue dans le monde entier.

De petite taille, mais d'une sobriété extrême, les mérinos de Naz donnent une laine qui égale et surpasse en finesse les laines les plus renommées.

2. RACE MÉRINOS GRAUX DE MAUCHAMP.

Don de M. Louis Graux (de Mauchamp).

L'origine de cette race est due entièrement au hasard ; mais c'est à la sagacité et au zèle persévérant de M. Graux que l'on doit son établissement ou plutôt sa création. En 1828, il naquit, dans le troupeau mérinos de choix de ce cultivateur, un agneau difforme et presque monstrueux, mais dont la laine lisse était remarquable par sa finesse, sa douceur et son brillant, semblable à celui de la soie. L'animal, élevé avec soin, malgré sa mauvaise conformation, fut allié avec des brebis choisies, dont la nature de laine différait le moins possible de la sienne ; et après un certain nombre d'années et des soins incessants, M. Graux est parvenu enfin à créer une race qui aujourd'hui se reproduit invariablement. Les vices de conformation des premiers individus ont complètement disparu, et maintenant le *mérinos soyeux* ne laisse rien à désirer sous le rapport de la forme et de la rusticité.

La laine de cette race lisse, soyeuse, nacrée et brillante comme le cachemire dont elle a la douceur, offre aussi quelque similitude avec le poil de chèvre, dont elle diffère cependant par son extrême finesse. La race mérine Graux de Mauchamp est devenue aujourd'hui par l'ensemble de ces qualités une de celles que l'étranger envie à notre pays.

3. LE MOUTON SANS LAINE DIT MORVAN.

Don de M. l'amiral Bosse.

Originaire de l'Afrique centrale, le mouton morvan est élevé en domesticité dans l'intérieur de l'Afrique et au cap de Bonne-Espérance. Naturalisée depuis longtemps en Europe par les Hollandais, qui l'ont croisée avec les moutons du Texel et de la Frise orientale, cette espèce a produit une grande race connue sous le nom de *Moutons flandrins* ou du *Texel*.

4. MOUTON DE CARAMANIE.

Cette espèce, propre à l'Asie-Mineure, se distingue des autres races par sa queue large, renflée sur les côtés, descendant jusqu'au milieu du jarret, et formée d'une graisse presque diffluente, qui pèse de 15 à 20 kilogrammes. Cette graisse, qui ressemble à de la moëlle, sert à préparer les aliments. La chair de ce mouton est très-estimée ; mais sa laine grossière n'est propre qu'à des ouvrages communs.

5. MOUTON DE L'YÉMEN.

Don de S. Exc. Kœnig-Bey.

Cette race, de l'Arabie et de quelques parties de l'Afrique, se distingue par sa tête sans cornes et d'un noir de jais, couleur qui s'étend jusqu'à la base du col. Elle n'a pas de laine, mais un poil dur et ras. Sa chair est excellente.

6. MOUTON DE SIEBENBURG.

C'est la race domestique dans la Transylvanie et dans les pays limitrophes. Elle est grande, à chanfrein busqué, et s'engraisse facilement. Sa laine est des plus ordinaires.

7. MOUTON HONGROIS.

Don de M. Fontette.

Cette race, remarquable par ses cornes très-longues, dirigées obliquement en haut et en dehors, et comme tordues sur elles-mêmes, habite principalement la Hongrie. Sa toison fort abondante et qui fait paraître l'animal plus gros qu'il ne l'est réellement, est formée d'une laine commune, à mèches longues et légèrement ondulées. Ce mouton s'engraisse facilement et sa chair est très-délicate.

8. MOUTON D'ASTRACAN.

Don de S. M. l'Empereur.

Cette race, qui est propre à la Russie Méridionale et se trouve surtout aux environs d'Astracan, est un peu plus petite que la race commune. Elle a la tête et les membres noirs, la laine longue et grossière, d'un gris sale et la queue terminée par un léger renflement. Les agneaux naissent d'un noir de jais et avec la laine très-frisée. Ce sont ces agneaux que l'on coud dans une toile au moment de leur naissance et qu'on arrose chaque jour d'eau tiède, qui fournissent la fourrure si recherchée et connue sous le nom d'Astracan ; il en existe une variété grise.

9. MOUTON CHINOIS ONG-TI ou TI-ANG.

Don de la Société d'acclimatation de Londres et de S. Exc. M. Rouher.

Originaires de la Chine, les moutons ong-ti, sont remarquables par leur extrême fécondité. Une seule brebis peut en effet donner chaque année en deux portées quatre, six, et même dix petits.

Leur conformation sans être bonne, ne laisse pas trop à désirer, et leur toison a été appréciée à certains égards.

Le Jardin d'acclimatation possède deux variétés distinctes de cette race intéressante ; l'une d'elles ne présente pas d'oreilles externes.

M. Eugène Simon, dont chacun connaît le dévouement aux intérêts qui lui avaient été confiés durant son voyage en Chine, désireux de doter la France de cette race prolifique, a ramené de Chang-Haï un troupeau de moutons ong-ti. Ce troupeau a été placé dans des conditions agricoles, la Société d'acclimatation ayant voulu vérifier elle-même les vertus de ces animaux avant de les répandre.

IV. — RONGEURS.

PORC-ÉPIC. (Hystrix).

Allemand : *Das Stachelsehwein.* — Anglais : *The Porcupine.* — Espagnol : — Italien : *Il Porco Spino.*

A. PORC-ÉPIC DE L'INDE. (Hystrix leucura).

B. PORC-ÉPIC DE SIAM. (Hystrix javanica).

C. PORC-ÉPIC DE JAVA. (Hystrix javanica).

Originaire de l'Europe, de l'Asie et de l'Afrique, le genre porc-épic est composé de plusieurs espèces très-voisines entre elles aussi bien par leurs caractères extérieurs que par leurs mœurs.

La chair de ces animaux est de bon goût et leurs piquants donnent lieu à quelques applications industrielles.

Les porcs-épics reproduisent facilement en domesticité. Ceux que possède le Jardin sont nés les uns à l'établissement, les autres au Muséum d'histoire naturelle et au Jardin zoologique de Rotterdam.

AGOUTI. (Dasyprocta).

Allemand : *Der Aguti.* — Anglais : *The Aguti.* — Espagnol : *El Aguti.* — Italien : *Il Aguti.*

A. AGOUTI DE CAYENNE. (Dasyprocta acuti).

Don de M. Bataille et de M. de Montravel.

B. AGOUTI DU BRÉSIL. (Dasyprocta cristata).

Don de S. A. I. et R. Mme la princesse d'Aquila).

C. AGOUTI DU PACIFIQUE. (Dasyprocta nigra).

Don de M. Hocquart.

Les agoutis se trouvent communément dans l'Amérique du Sud; ils habitent les lieux montueux et le penchant des collines boisées, et se logent dans les fentes de rocher et les trous des vieilles souches; leur nourriture se compose exclusivement de substances végétales.

Quoique d'un caractère très-méfiant, l'agouti s'apprivoise facilement. La femelle a, chaque année, plusieurs portées de trois ou quatre petits.

Sa chair est ferme, blanche et de bon goût.

Introduit en Europe depuis quelques années, l'agouti y a vécu et s'y est reproduit. Les expériences faites par le docteur Chenu ne laissent aucun doute sur la possibilité de l'acclimater et de le propager parmi nous.

AKOUCHI. (Dasyprocta acuschy).

Allemand : *Der Akuschi.* — Anglais : *The olive Cavy.* — Espagnol : *El Acouchi.* — Italien : *Il Acouci.*

Don de M. Bataille et M. de Montravel.

Un peu plus petit que les précédents dont il diffère par son pelage plus doux, par une sorte de manteau noir qui commence derrière l'épaule et par le manque de crinière sur la nuque, cet animal est commun à la Guyane française et au Brésil, où il vit dans les bois. Sa chair est bonne à manger et se rapproche beaucoup de celle de l'agouti.

Cette jolie espèce a plusieurs fois reproduit au Jardin.

VISCACHE. (Lagostomus viscaccia).

Don de M. W. Werner et A. Lasseau.

Les viscaches habitent les pampas de l'Amérique Méridionale. Ce sont des animaux herbivores, timides, vivant en société. La fourrure qu'ils portent n'est pas sans emploi. Ils sautent avec légèreté, et fuient rapidement lorsqu'ils sont inquiétés; leurs habitudes sont sédentaires, ils n'abandonnent les terriers où ils sont nés que si la nécessité les y contraint.

PACA FAUVE. (Cœlogenus fulvus).

Allemand : *Der Röthlichgelb Paka.* — Anglais : *The Sooty Paca.* — Espagnol : *El Pacá flavo.* — Italien : *Il Paca fulvo.*

Don de M. Ménier.

Le paca habite principalement les forêts basses et humides du Brésil, de la Guyane et du Paraguay, et se creuse des terriers peu profonds et à trois issues qu'il recouvre de feuilles et de rameaux, et d'où il ne sort guère pendant le jour. Il se tient souvent assis et porte à sa bouche, avec les pattes de devant, sa nourriture qui consiste en fruits, en racines et surtout en cannes à sucre.

D'un caractère très-doux, cet animal s'apprivoise facilement et il serait avantageux de le domestiquer; sa chair très-délicate est recherchée en Amérique.

COCHON D'INDE. (Cavia porcellus).

Allemand : *Das Meerschwein oder der Ferkelmaus.* — Anglais : *The Guinea-Pig.* — Espagnol : *El Cui.*

Originaire des parties chaudes de l'Amérique du Sud, où il était domestique chez quelques peuplades indigènes, cet animal a été introduit en Europe par les Espagnols et y est devenu commun. Sa fécondité est extrême et plus grande que celle du lapin domestique. Sa chair est blanche et peu savoureuse. Celle de l'Apéréa, l'espèce sauvage, très-commune dans toute l'Amérique Méridionale, est très-délicate.

Le Jardin possède la variété blanche fixe.

CABIAI. (Hydrochœrus capybara).

Allemand : *Das Wasserschwein.* — Anglais : *The Capybara.*

Don de S. A. I. et R. Mme la comtesse d'Aquila.

La chair du cochon d'eau passe pour un bon manger dans l'Amérique du Sud. Cet animal vit au bord des fleuves et des marais, dans les demeures qu'il se creuse; il se nourrit surtout de roseaux et de racines. Le cabiai est d'un caractère familier et s'apprivoise facilement.

LIÈVRE CHANGEANT. (LEPUS VARIABILIS).

Allemand: *Der Schnee oder Alpenhase.* — Anglais: *The variable hare.*

Don de M. Serge Divoff.

Cette espèce qui se rencontre dans les Pyrénées, dans les Alpes, en Écosse, est surtout abondante en Russie. Grise fauve en été, avec le bout des oreilles noir et la queue grisâtre, elle devient d'un beau blanc de neige en hiver, mais en conservant encore la pointe de ses oreilles noire.

La fourrure du lièvre changeant est recherchée, elle sert principalement à faire des imitations d'hermine.

La chair de cette espèce est de bon goût, mais ne vaut pas cependant celle du :

LIÈVRE COMMUN. (LEPUS TIMIDUS).

Allemand : *Der gemeine Hase.* — Anglais : *The Hare.* — Espagnol : *La Liebre.* — Italien : *La Lepre timida.*

Répandu dans une grande partie de l'Europe, ce précieux gibier, en outre de sa chair estimée, donne à l'industrie des pelleteries qui ne sont pas sans mérite.

La reproduction du lièvre commun a été obtenue à diverses reprises dans les parcs du Jardin.

MÉTIS DE LIÈVRE ET DE LAPIN ou LÉPORIDES.

Don de M. Lepel-Cointet et de M. Leblanc (de Bléré).

Le Jardin a reçu à différentes reprises des animaux envoyés sous le nom de léporides, c'est-à-dire comme issus du croisement du lièvre et du lapin. Jusqu'à présent il n'a pu réussir à faire naître dans l'établissement le métis de ces deux espèces.

LAPIN DOMESTIQUE. (Lepus cuniculus).

Allemand : *Das Kaninchen.* — Anglais : *The Cony on the Rabbit.* — Espagnol : *El Conejo.* — Italien : *Il Coniglio.*

Originaire d'Espagne, et réduit depuis longtemps en domesticité, le lapin se trouve dans toute l'Europe à l'état sauvage ; on l'appelle alors *lapin de garenne.*

Les variétés du lapin domestique sont très-nombreuses.

Le Jardin possède entre autres :

1. Le Lapin Bélier gris.
2. — — blanc.
3. — cachemire ou Angora blanc.
4. — — — chamois.
5. — — — bleu.
6. — — — gris.
7. — — — chinois.
8. — double Shmutt.
9. — argenté.
10. — de Sibérie.
11. — belge bleu.

V. — ÉDENTÉS.

TATOU ENCOUBERT. (Dasypus sexcinctus).

Allemand : *Das Sechsgürtliche Tatu.* — Anglais : *The Tatoo.* — Espagnol : *El Armadillo ó Quirquincho.* — Italien : *La Tatusia a sei fascie.*

Cet animal si remarquable par l'espèce de carapace écailleuse dont il est revêtu, est propre à l'Amérique Méridionale, et se trouve principalement à la Guyane et au Brésil. Sa chair est généralement estimée.

Il se creuse avec les ongles puissants dont sont armées ses pattes de devant, des terriers obliques et profonds, d'un mètre et demi environ, où il se tient pendant le jour, ne sortant que le matin et le soir pour chercher sa nourriture, qui consiste en racines, en graines, etc.

C'est un animal craintif et tout à fait sans défense. La femelle fait, par an, plusieurs portées de six à huit petits ; cette espèce a reproduit au Jardin.

TATOU PELUDO. (DASYPUS VILLOSUS).

Don de M. Ém. Pereire et de M. A. Favier.

Le tatou peludo se distingue du précédent par plus de brièveté dans le corps et surtout par l'abondance des poils rudes qui prennent naissance entre les plaques de sa carapace.

Il est originaire de Buenos-Ayres, et de Montevideo.

TATOU HYBRIDE. (DASYPUS HYBRIDUS).

Allemand: *Das Kurzschwansige Tatu.* — Espagnol: *La Mulita.*

Don de M. Durieux de Maisonneuve.

Le tatou hybride est plus petit et de forme plus allongée que l'encoubert et abonde dans les campagnes découvertes de la Confédération argentine et de la République de l'Uraguay. La chair de ces animaux, surtout celle du second, est une des plus exquises que l'on puisse manger.

VI. — MARSUPIAUX.

KANGUROUS.

Le nombre des espèces de kangurous connues est aujourd'hui considérable ; on les rencontre toutes dans la nouvelle Hollande et les îles qui en dépendent.

Les kangurous vivent en petites troupes dans les lieux boisés et couverts ; essentiellement frugivores, ils se nourrissent de fruits, de racines, de feuillages et d'herbes de toutes sortes.

Il existe entre leurs membres antérieurs et postérieurs une disproportion considérable, aussi leur locomotion à quatre pattes est elle lente. Mais ils cheminent avec une célérité incroyable sur leurs membres postérieurs, aidés de leur queue puissante; ils avancent alors par sauts successifs. Les membres antérieurs leur servent surtout pour la préhension des aliments.

Au moment de la naissance, l'animal est presque informe. Recueilli par la mère dans une poche où sont placées les mamelles, il se greffe en quelque sorte à l'une d'elles, et ne s'en détache que lorsqu'il a acquis assez de développement pour pouvoir faire usage de ses membres; alors, il entr'ouvre l'orifice de la poche et y passe d'abord le bout du museau, ensuite la tête, puis le corps, et enfin il en sort complètement pour s'ébattre près de sa mère; mais, à la moindre apparence du danger, il disparaît et regagne la poche.

D'un naturel doux et craintif, les kangurous s'apprivoisent facilement, leur chair est prisée à l'égal de celle des meilleurs gibiers ; leur peau fournit une bonne fourrure, celle du kangurou laineux surtout.

Le nombre de ces animaux est aujourd'hui considérablement diminué, à cause de l'ardeur avec laquelle la chasse leur est faite.

Valentin et Lebruyn sont les premiers auteurs qui aient signalé les kangurous. Un certain nombre de ces animaux introduits en Europe, il y a une quarantaine d'années, y vécurent fort bien et se sont reproduits sans exiger aucun soin particulier.

Le fait de leur acclimatation est aujourd'hui hors de doute, et il ne reste plus qu'à s'occuper de les propager dans nos parcs et dans nos forêts, où ils fourniraient un gibier entièrement nouveau.

KANGUROU A MOUSTACHES.

(MACROPUS MELANOPS).

Allemand : *Das grosse Känguruh.* — Anglais : *The black faced Känguroo.* — Espagnol : *El Canguró grande.* — Italien : *Il Almaturo gigantesco.*

Cette espèce de grande taille peut atteindre la hauteur de deux mètres environ lorsque l'animal est dressé sur ses pattes de derrière et sa queue.

Elle est originaire des parties méridionales de l'Australie et se reconnaît à son pelage d'un gris noirâtre sur le cou et le dos, et la tête. Les oreilles sont teintées de gris clair.

Le kangurou à moustaches reproduit bien dans les Jardins zoologiques de l'Europe.

KANGUROU GÉANT. (MACROPUS GIGANTEUS).

Allemand : *Das grösste känguruh.* — Anglais : *The great kangaroo.*

Originaire de la Nouvelle-Galles du Sud, cet animal peut atteindre une taille plus élevée encore que celle de l'espèce précédente.

Son pelage est très-doux au toucher et de couleur grise claire.

KANGUROU ROBUSTE. (MACROPUS ROBUSTUS).

Allemand : *Das starke känguruh.*

Moins grande que les précédentes, cette espèce est remarquable par la solidité de ses membres. Sa coloration est d'un roux grisâtre.

Elle est originaire des parties méridionales de l'Australie.

KANGUROU DE BENNETT. (HALMATURUS BENNETTI).

Allemand: *Das Bennett's känguruh.* — Anglais: *The Bennett's Wallaby.* — Espagnol: *El Canguró de Bennett.* — Italien: *Il Almaturo di Bennett.*

De la grosseur d'un chien de moyenne taille, ce kangurou se reconnaît au premier abord des précédents par la brièveté de ses oreilles et par sa coloration d'un gris presque noir, plus clair sur la queue, les membres, sous le ventre, et marqué de teintes roussâtres sur le cou.

Le kangurou de Bennett, le plus répandu de tous en Europe et celui qui s'y est reproduit le plus abondamment est originaire de la Tasmanie.

Il se trouve aujourd'hui non-seulement dans tous les Jardins zoologiques, mais chez un grand nombre de particuliers.

Quelques essais faits en grand, permettent d'affirmer que cette espèce peut parfaitement prendre sa place parmi nos gibiers de parcs.

La chair de ce kangurou est d'un goût parfait.

KANGUROU A COU ROUX.

(HALMATURUS RUFICOLLIS.)

Anglais: *The Rufous-Necked Wallaby.*

Très-semblable à la précédente, cette espèce ne s'en distingue que par une taille un peu moindre, une coloration rousse du cou un peu plus accusée, et une teinte moins foncée sur le corps.

Elle est originaire de la Nouvelle-Galles du Sud.

KANGUROU DE DERBY.

(HALMATURUS DERBYANUS).

Allemand: *Das Derby's Känguruh.* — Anglais: *The Derby's Kanguroo.* — Espagnol: *El Canguró de Derby.* — Italien: *Il Almaturo di Derby.*

Cette petite espèce n'est pas plus grande qu'un chat, elle est de couleur foncée, ses oreilles sont très-courtes, sa queue est forte et n'a que peu de longueur.

Elle se rencontre comme les précédentes en Australie, et vient particulièrement de Port Adélaïde.

KANGUROU THÉTYS. (HALMATURUS THETIDIS).

Anglais: *The Pademelcon Wallaby.* — Allemand: *Das Pademelon.*

Originaire de l'Australie méridionale, cette espèce se rapproche beaucoup de la précédente, ses formes sont cependant moins lourdes, et sa coloration est plus claire.

KANGUROU RAT. (BETTONGIA GRAYI).

Allemand : *Die Quastenschwanzige Kängururatte.*

De la taille d'un petit lapin, ce kangurou se rapproche beaucoup par ses formes des précédents ; sa coloration est d'un gris clair, l'extrémité de sa queue est blanche.

Cette espèce reproduit très-facilement.

KANGUROU RAT. (HYPSIPRYMNUS MURINUS).

Anglais: *The Rat Kangaroo.* — Allemand: *Die Eigentliche Kängururatte.*

Cette petite espèce, plus petite encore que la précédente, s'en distingue par la gracilité de ses membres et la finesse de son museau qui rappelle assez celui d'un rat.

On trouve le kangurou rat en Australie ; il reproduit très-bien en captivité.

PHASCOLOME ORDINAIRE ou WOMBAT. (PHASCOLOMYS WOMBAT).

Anglais: *The Wombat.* — Allemand: *Die Gemeine Beutelmans.*

PHASCOLOME A FRONT LARGE. (PHASCOLOMYS LATIFRONS).

Don de M. Mueller.

Ces deux espèces qui ne diffèrent que par quelques détails dans la forme du crâne, sont propres à la Nouvelle-Hollande.

Ce sont des animaux lourds, plantigrades comme les ours, peu élévés sur leurs pattes, se ramassant en boule et se creusant des terriers où ils se tiennent pendant le jour, et d'où ils ne sortent que la nuit pour chercher leur nourriture, qui consiste en racines et en herbes de toutes sortes. La femelle produit à chaque portée trois ou quatre petits, qui se développent comme ceux des kangurous, dans la poche que porte la mère sous le ventre.

Leur chair est très-bonne à manger.

Péron et Lesueur ont rapporté, en 1803, plusieurs de ces animaux qui ont vécu quelque temps à la ménagerie du Muséum.

SARIGUE MANICOU. (DIDELPHIS VIRGINIANA).

Allemand : *Das Beutelthier.* — Anglais : *The Virginian Opossum.* — Espagnol : *El Didelfo ó Comadreja.* — Italien : *Il Didelfo.*

Le manicou est propre au continent de l'Amérique et se rencontre abondamment dans la Virginie. Il vit dans des trous aux environs des habitations. Sa queue robuste et lisse en dessous est prenante et lui sert à se suspendre aux branches des arbres auxquelles il grimpe avec agilité. C'est un animal nocturne, triste, qui cependant s'apprivoise facilement. Il porte ses petits au nombre de six à dix, dans la poche que, comme les précédents, il a sous le ventre.

Sa chair est mangée dans l'Amérique du Sud.

OISEAUX

I. — RAPACES.

SERPENTAIRE, SECRÉTAIRE ou MESSAGER.

(SERPENTARIUS REPTILIVORUS).

Anglais : *The Secretary Vulture.*

Don de M. G. Chabaud, Consul de France.

Cet oiseau est originaire du cap de Bonne-Espérance; ennemi déclaré des serpents, il les chasse sans relâche et rend ainsi aux contrées qu'il habite de grands services. Réduit en captivité il devient très-familier, et maintient l'ordre dans la basse cour, en empêchant les luttes entre volailles.

Perché sur de longues jambes d'échassiers, cet oiseau de proie bienfaisant est de couleur grise claire ; sa tête est couronnée d'une aigrette de plumes longues et mobiles qui lui ont fait donner le nom de *secrétaire ;* sa queue porte deux très-longues plumes noires.

II. — GRIMPEURS.

PERROQUETS ET PERRUCHES.

Ces oiseaux se rencontrent dans les régions les plus chaudes de l'Asie, de l'Afrique, de l'Amérique et de l'Océanie.

Pour la plupart, ils sont ornés de brillantes couleurs, mais leur plumage ne présente jamais de reflets métalliques.

Les perroquets et les perruches vivent ordinairement en troupes nombreuses sur les arbres, à la lisière des forêts. Ils marchent avec peine ; pour grimper ils s'aident de leur bec qui est en général d'une très-grande force. Ils se servent de leurs pattes comme de mains, ils les emploient en effet pour porter les aliments à leur bec.

Les perroquets et les perruches sont très-susceptibles d'éducation ; beaucoup d'entre eux ont la faculté de répéter les sons qu'il entendent et d'apprendre littéralement à parler. Ils l'emportent, sous ce rapport, sur tous les autres animaux.

Leur familiarité, la facilité avec laquelle ils apprennent, la beauté de leur plumage les font rechercher comme des oiseaux d'agrément.

On peut voir au Jardin les espèces suivantes :

ARA ROUGE. (Macrocercus ara-canga).

Allemand : *Der Rothe Ara.* — Anglais : *The Red and blue Maccaw.*

Le ara canga est de grande taille, son bec est puissant, sa queue très-longue et étagée. Tout son plumage est d'un rouge vif, sauf les ailes qui sont colorées de jaune, de vert et de bleu. Cet oiseau est originaire de l'Amérique du Sud et en particulier du Brésil.

ARA MACAO.

(MACROCERCUS CHLOROPTERUS).

Don de M. le comte de Lémont.

Ce ara brésilien présente la même taille et la même disposition de couleurs que le précédent ; il se fait reconnaître à ses tons plus foncés.

ARA RAUNA. (MACROCERCUS ARA-RAUNA).

Allemand : *Der gelbe ara.* — Anglais : *The blue and yellow Maccaw.*

De la même taille que les précédents, le ara rauna en diffère par ses couleurs éclatantes ; tout le dessous de son corps est d'un jaune vif, tandis que le dessus est d'un bleu clair, uniforme. Il est, comme les précédents, originaire du Brésil.

ARA BLEU. (MACROCERCUS HYACINTHINUS).

Ce bel oiseau, qui n'est que très-rarement rapporté du Brésil, est entièrement d'un beau bleu foncé. Il a le tour du bec et des yeux garni d'une peau nue d'un jaune clair. Sa taille est un peu moindre que celle des précédents.

PERROQUET AMAZONE.

(PSITTACUS AMAZONICUS).

Allemand : *Der Amazone papagei.* — Anglais : *The yellow-faced Amazon.*

L'amazone est vert, et se rencontre dans la plus grande partie de l'Amérique chaude.

Le nombre des perroquets qui portent la dénomination d'*amazones* est considérable ; les naturalistes ont réuni génériquement ces oiseaux sous le nom de *chrysotis.*

Ils se reconnaissent au premier coup d'œil par leur plumage d'un vert plus ou moins clair, rehaussé, suivant les espèces, de bleu, mais surtout de jaune et de rouge.

Les perroquets amazones sont de ceux qui peuvent le mieux apprendre à parler.

PERROQUET GRIS. (Psittacus erythacus).

Allemand: *Der Jacko.* — Anglais : *The Grey Parrot.*

Cette espèce est désignée vulgairement sous le nom de *jacquot.* C'est le perroquet le plus commun, mais c'est aussi le plus apte à parler. Son plumage est d'un gris glacé de blanc, sa queue est d'un beau rouge vif.

Le commerce importe de la côte occidentale d'Afrique des quantités considérables de perroquets gris.

PERROQUET VAZA. (Coracopsis nigra).

Anglais: *The heiser vasa Parrakeet.*

Don de M. Prud'homme de St-Maur.

Le perroquet vaza est remarquable par sa coloration d'un noir uniforme. Cette teinte prend chez la femelle des reflets bleuâtres. Les vazas sont originaires de Madagascar.

CACATOIS DE LEADBEATER.

(Cacatua leadbeateri).

Allemand : *Der Leadbeater's Kakadu.* — Anglais: *The Leadbeater's Cockatoo.*

Cette belle espèce est originaire de l'Australie, elle est remarquable par son plumage blanc, coloré sous les ailes de nuances rosées, et surtout par sa huppe très-mobile rehaussée de tons d'un rouge vif et d'un jaune citronné.

Le cacatois de Leadbeater est sans contredit une des plus belles importations qui aient été faites de l'autre hémisphère. Il y a peu d'années que cette espèce est amenée en Europe, elle annonce d'assez grandes dispositions pour se multiplier.

CACATOIS A HUPPE JAUNE ou JING-WOS.

(CACATUA GALERITA).

Allemand : *Der Gehelmte Kakadu.* — Anglais : *The Greater Sulphur-crested Cockatoo.*

Le plus grand des cacatois, blanc, orné d'une grande huppe d'un jaune tendre.

Très-commune à la Nouvelle-Guinée, cette espèce a traversé le détroit de Torrès, et s'est répandue à la Nouvelle-Galles du Sud (Australie). Elle s'y est multipliée au point de devenir malfaisante à cause des ravages qu'elle cause aux moissons. Il est à remarquer que les cacatois jing-wos rapportés d'Australie sont beaucoup plus gros que ceux de la patrie originelle.

CACATOIS A HUPPE JAUNE (PETIT).

(CACATUA SULPHUREA).

Allemand : *Der Schwefelgelbhaubige Kakadu.* — Anglais : *The Lufer sulphur-crested Cockatoo.*

Cette espèce est d'un volume de moitié moindre que la précédente. Elle est originaire des Moluques, son plumage est blanc, sa huppe d'un jaune tendre. Elle porte sur les joues une sorte d'oreillon jaunâtre.

CACATOIS A HUPPE ROSE.

(CACATUA ROSACEA).

Allemand : *Der Grosse Rotbhaubige Kakadu.* — Anglais : *The Rose Crested Cockatoo.*

Originaire des Moluques et de Sumatra, le cacatois rosé se fait remarquer par son plumage blanc teinté de nuances roses, et surtout par la richesse de sa huppe blanche qui est doublée de plumes d'un rouge vif.

Cette espèce est une des plus douces; elle se prive encore plus facilement que les autres.

CACATOIS A HUPPE BLANCHE.

(CACATUA CRISTATA).

Allemand: *Der Weisshäubige Kakadu.* — Anglais: *The Greater White-Crested Cockatoo.*

Cet oiseau est très-semblable par ses formes au précédent, mais il est entièrement blanc. Il est originaire des Moluques.

CACATOIS ROSALBIN. (CACATUA ROSEA OU EOS).

Allemand: *Der Rosenrothe Kakadu.* — Anglais: *The Roseate Cockatoo.*

D'Australie, cette espèce se reconnait à la coloration de son plumage d'un rose vif en dessous, d'un gris argenté en dessus. Le dessus de la tête est orné de plumes un peu courtes, mais très-mobiles, d'un blanc pur.

Elle est beaucoup plus marcheuse que les autres, et se fait aussi remarquer par sa familiarité.

CACATOIS NASIQUE. (CACATUA (LICMETIS) NASICA).

Allemand: *Der Nasen-Kakadu.* — Anglais: *The Slender-billed Cockatoo.*

Cet oiseau à bec singulier est australien, il est, comme le précédent, très-marcheur; sa huppe est formée de plumes assez courtes, son plumage est blanc.

PERRUCHE OMNICOLORE. (PLATYCERCUS EXIMIUS).

Allemand: *Der Vielfarbige Plattschwanz.* — Anglais: *The Rose-Hill Parrakeet.*

D'Australie, le plumage de cette espèce est aussi varié qu'élégant. Sa tête et sa gorge sont rouges, sa nuque, ses ailes et son dos sont enrichis de toutes les couleurs.

Assez robuste pour supporter notre climat, cette espèce n'a jusqu'ici reproduit qu'exceptionnellement. Il n'est cependant pas douteux qu'elle n'arrive à se multiplier lorsque ses mœurs seront mieux connues.

PERRUCHE DE PENNANT.

(PLATYCERCUS PENNANTI).

Allemand : *Der Pennant's Plattschwanz.* — Anglais : *The Pennant's Parakeet.*

Don de M. Mer, capitaine de vaisseau.

Le cou, le ventre, sont du plus beau rouge, le dos et les ailes mêlés de noir, de rouge et de bleu. Cette belle espèce donne bon espoir à ceux qui tentent sa multiplication.

Elle est originaire de la Nouvelle-Galles du Sud.

PERRUCHE D'EDWARDS. (EUPHEMA PULCHELLA).

Anglais : *The Turquoisine Parrakeet.*

Cette perruche est verte, sa tête est ornée de bleu, le mâle porte sur ses ailes des miroirs d'un rouge sombre. Originaire de l'Australie, cette espèce se montre rustique et reproduit on ne peut mieux en volière.

PERRUCHE ONDULÉE. (MELOPSITTACUS UNDULATTUS).

Allemand : *Der Wellenpapagei.* — Anglais : *The Undulated grass Parakeet.*

Cette jolie espèce de la Nouvelle-Hollande, plus petite que le moineau, a été introduite en Europe, il y a quelques années. Elle reproduit en volière et même en cage, avec la plus grande facilité.

On peut dire à bon droit qu'elle est acquise aux volières de l'Europe ; sous peu d'années elle se placera par son abondance à côté du serin des Canaries.

PERRUCHE CALLOPSITTE.

(CALLOPSITTA NOVŒ-HOLLANDIŒ).

Allemand : *Die Neuhollandische Nymphe.* — Anglais : *The crested ground Parakeet.*

Grise, marquée de blanc aux ailes, la tête couronnée d'une huppe élégante, les joues jaunes ornées de deux points orangés, cette espèce, une des plus robustes qui aient été importées, supporte nos hivers en volière, et se reproduit très-bien.

Elle est originaire de la Nouvelle-Hollande.

PERRUCHE INSÉPARABLE.

(PSITTACULA PASSERINA).

Allemand : *Der Gemeine Sperlings Papagei.* — Anglais : *The Passerine Parakeet.*

De la grosseur d'un moineau, verte, la tête et les joues d'un rouge orangé, cette espèce brésilienne est célèbre par sa disposition à la tendresse. On prétend en effet, avoir observé que lorsqu'une des deux inséparables venait à mourir, sa compagne ne pouvait lui survivre.

III. — PASSEREAUX.

L'administration n'ayant pu jusqu'ici établir des locaux destinés à l'installation des *passereaux*, n'a réuni qu'un très-petit nombre de ces oiseaux.

Elle espère être bientôt en mesure de mettre sous les yeux du public la série si intéressante, si riche et si variée de ces petits oiseaux que l'homme peut trouver utile de multiplier en certains cas, et qu'il se plait toujours à entretenir dans sa demeure ou auprès d'elle.

Chaque jour voit s'accroître le nombre des espèces qui se reproduisent en volière ; la faune si riche de l'Australie, a fourni aux amateurs d'oiseaux un vaste champ à exploiter, et bien des succès sont venus récompenser les efforts tentés.

Les espèces que possède le Jardin sont en petit nombre, nous citerons seulement les principales.

MARTIN-CHASSEUR. (DACELO GIGANTEA.)

Allemand: *Der Rieseneisvögel.* — Anglais: *The Laughing Kingsfisher.*

Don de la Société d'acclimatation de Melbourne (Australie).

Le martin-chasseur est, par sa conformation, très voisin du martin-pêcheur; mais au lieu de vivre de poisson, il est grand destructeur de souris, de rats, de reptiles et d'insectes. Il habite en Australie les grands bois, il s'y tient en troupes nombreuses.

Le cri de cet oiseau est extrêmement sonore ; il ressemble beaucoup à un éclat de rire bruyant et prolongé.

COQ DE ROCHE. (RUPICOLA AURANTIA).

Anglais : *The Cock of the rock*

Don de S. A. I. et R. Mme la comtesse d'Aquila.

Le coq de roche que possède le Jardin, est le premier qui soit venu vivant en Europe ; cet oiseau rare, est remarquable par sa coloration d'un jaune rosé, par sa huppe formée de petites plumes raides qui cachent presque son bec, et forment une sorte de crête arrondie de couleur orangée qui couronne sa tête.

CHOUCARI. (GYMNORHINA LEUCONOTA).

Allemand : *Der Flötenvogel.*— Anglais : *The white-backed Piping Crow.*

Noir, avec le dos d'un gris blanc, cet oiseau australien est grand destructeur d'insectes et de vers. Il se rapproche beaucoup par ses formes et ses mœurs de nos pies et de nos corbeaux.

Le choucari est un chanteur de grand mérite et capable d'éducation. Le chant de cet oiseau est très-remarquable par la qualité du son qu'il émet, ce son est en effet plein, soutenu, d'une grande douceur et très-varié.

CORNEILLE DE ROCHE. (Fregilus graculus).

Allemand : *Die Alpendohle.* — Anglais: *The Cornish Chough.*

Habitant de l'Europe, cet oiseau vit dans les rochers de nos montagnes et de nos côtes.

Très-familière, la corneille de roche peut à bon droit passer pour un oiseau d'ornement.

Son plumage est d'un noir bleuâtre à reflets métalliques, ses pieds et son long bec recourbé sont d'un beau rouge vif.

COTINGA ARAPONGA. (Arapunga nudi-collis)

Don de S. A. I. et R. Mme la comtesse d'Aquila.

D'un blanc neigeux, la face, les joues et le devant du cou nus revêtus d'une peau ridée, d'un bleu glauque ; cet oiseau, plus curieux qu'utile, est originaire du Brésil, où il vit à peu près comme vivent ici nos merles, c'est-à-dire de baies et surtout d'insectes.

MERLE VULGAIRE. (Turdus merula).

Allemand : *Die Amsel* — Anglais : *The Blackbad.*

VARIÉTÉ BLANCHE.

La variété albine du merle de nos Jardins et de nos bois se rencontre assez fréquemment dans certaines localités.

En Auvergne par exemple, on cite divers lieux où naissent chaque année des merles blancs.

Ceux que possède le Jardin viennent des environs de Périgueux.

MERLE BRONZÉ. (Lamprocolius chalybeus).

Anglais: *The Green glossy Thrush.*

Il est peu d'oiseaux, même parmi les plus brillants, dont l'éclat approche de celui-ci. Ce merle semble revêtu de pierres précieuses dont les feux scintillent sans cesse. L'œil grand et jaune qui brille au milieu du vert doré du plumage, ajoute encore à la beauté de ce petit et magnifique oiseau.

Il est originaire de l'Afrique occidentale et plus particulièrement du Sénégal.

MERLE DORÉ. (LAMPROCOLIUS AURATUS).
Anglais : *The Purple-headed Glossy.*

Le merle doré, presque aussi beau que le précédent, en diffère parce qu'il a le dessous du corps d'un bleu métallique, au lieu d'être entièrement bronzé.

Cet oiseau est aussi originaire du Sénégal et de la côte occidentale de l'Afrique.

CASSIQUE. (MOLOTHRUS ORYZIVORUS).
Allemand : *Reisgstaar.* — Anglais : *Rice Bird.*

Ce petit passereau, originaire de l'Amérique du Nord, rappelle, mais de loin, par son plumage d'un beau noir, l'éclat des oiseaux dont nous avons parlé plus haut.

La femelle est d'un gris sale.

Cette espèce, peu frileuse, reproduit très-bien en volière.

PAROARE DOMINICAIN. (LOXIA DOMINICANA).
Allemand : *Der Ungehaubter Kardinal.*

Ce joli passereau, originaire de l'Amérique du Sud, supporte bien notre climat. Il reproduit facilement en volière. Son plumage est bleuâtre en dessous, gris en dessus ; sa tête est d'un rouge vif.

Le mâle est semblable à la femelle.

PAROARE HUPPÉ. (LOXIA CUCULLATA).
Allemand : *Der Graue Kardinal.* — Anglais : *The red headed Cardinal.*

De l'Amérique méridionale, il diffère du précédent par sa huppe en capuchon qui est d'un rouge éclatant.

Cet oiseau, comme son congénère, reproduit bien en volière.

Le mâle est semblable à la femelle.

BRUANT COMMANDEUR. (EMBERIZA GUBERNATRIX).

Anglais: *The Black crested Cardinal.*

De l'Amérique du Nord, cet oiseau vit et reproduit très-bien en volière. Le mâle est d'un vert beaucoup plus jaune que la femelle.

L'un et l'autre sexe porte une petite huppe.

GROS-BEC CARDINAL.

(COCCOTHRAUSTES CARDINALIS.)

Allemand : *Der Rothe Kardinal.* — Anglais; *The Cardinal grosbeak.*

Le mâle de cette espèce est d'un rouge vif, la femelle roussâtre seulement. Cet oiseau reproduit facilement en volière. Il fait entendre un chant agréable.

Le cardinal est originaire de l'Amérique du Nord.

IV. — GALLINACÉS.

PIGEON BISET. (COLUMBA LIVIA).

Anglais: *The Rock Pigeon.*

Le pigeon biset vit à l'état sauvage en Europe ; on le rencontre abondamment dans les îles de la Méditerranée et aussi à Ténériffe. Il niche de préférence dans les rochers, dans les ruines; il ne s'établit jamais sur les branches des arbres comme les ramiers par exemple.

Décrire le *biset* est inutile, chacun le connaît ; c'est lui qui peuple en abondance les colombiers des fermes.

Cette espèce se domestique facilement, et l'époque de sa soumission à l'homme se perd dans la nuit des temps. Aussi le nombre des variétés de pigeons qui se sont formées, qui se forment encore de nos jours, sous l'action des soins attentifs dont cette espèce est l'objet, est pour ainsi dire innombrable. Nous les diviserons tout d'abord en deux groupes : les *pigeons de volière* et les *pigeons romains*.

Pigeon Romain. (COLUMBA HISPANICA).

Allemand: *Die Spanische Taube.* — Anglais: *The roman Pigeon.* — Espagnol: *La Paloma romana.* — Italien: *La Colomba di Spagna.*

Le pigeon romain est le plus gros des pigeons domestiques, il est surtout remarquable par la longueur que peut atteindre son corps ; le vol de cet oiseau est lourd, sa marche embarrassée, sa fécondité médiocre. En outre, il est d'un tempérament délicat, et s'élève assez difficilement. La chair des pigeons romains, celle des pigeonneaux surtout, est de très-bon goût.

On peut voir au Jardin les variétés suivantes de cette race :

a. Le Pigeon Romain blanc de lait ou fauve.
b. » » bleu.
c. » » marc-cann.
d. » » gris-piqué.
e. » » noir.
f. » » chamois.
g. » » blanc.

Pigeon de Volière.

Allemand : *Die Taube.* — Anglais: *The common Pigeon.* — Espagnol : *La Paloma domestica.* — Italien : *La Colomba.*

Le nombre des variétés de pigeons de volière est aujourd'hui très-considérable. On remarque non-seulement des différences de taille et de coloration, mais aussi des variations des plus caractéristiques et des plus fondamentales.

Chez les uns (polonais) le bec sera réduit au point

d'être à peine visible sous les courtes plumes qui l'entourent ; chez les autres au contraire, il prendra des proportions énormes et se chargera de morilles qui obstrueront la vue (bagadais) ; chez ceux-ci la gorge pourra se gonfler d'air à tel point que la station de l'oiseau en sera modifiée (boulants, soufleurs) ; chez ceux-là la longueur des membres variera. On verra des pigeons à pattes si courtes que leurs ailes traineront à terre, et d'autres qui sembleront huchés sur des échasses.

Les variations dans le plumage ne se bornent pas aux couleurs seulement, la forme, l'arrangement des plumes, la distribution de la coloration par leur combinaison, par leurs variations qui sont à l'infini, donnent naissance à un nombre de variété pour ainsi dire illimité. En effet, nous voyons des pigeons avec le plumage de soie, d'autres qui portent sur le devant de la poitrine un jabot de plumes rebroussées, longues et saillantes (cravatés). Ceux-ci (les nonnains ou capucins), porteront tout autour de la tête et du cou une sorte de bourrelet de plumes effilées qui les en capuchonne ; ceux-là porteront une huppe qui, lorsqu'elle occupe tout le derrière de la tête prend le nom de *coquille*.

Les pattes des uns sont nues, celles des autres sont emplumées, enfin il y en a qui ne sont que chaussés, c'est-à-dire dont les doigts sont nus, mais dont les tarses sont emplumés.

Nous citerons parmi les espèces que possède le Jardin les suivantes qui représentent assez bien l'ensemble des variétés obtenues de la *columba livia*.

1° Pigeon mondain.
2° — voyageur.
— — noir.
3° — volant blanc à queue noire
— — noir — blanche
— — rouge — —
— — chamois, etc.
4° — noyer.
5° — feu.
6° Pigeon boulant (soufleur) bleu.
— — — chamois.
— — — rouge.
— — — noir, etc.
7° — — bagadais bleu (ang)
— — — blanc.
8° — étourneau noir à tête blanche
— — — pleine.
9° — tambour noir.
— — blanc.

Pig. tambour noir à barres bles
— — rouge —
— — bleu —
— — à manteau chamois
— — — rouge.
— — — bleu.
10° — hirondelle de saxe noir.
— — bleu.
— — rouge.
— — jaune.
11° — saxon herminé.
12° — hirondelle bleu.
— — noir.
— — rouge.
— — jaune.
— — bleu à barres bles
— — rouge —
13° — russe bleu.
— — noir.
— — rouge.
— — jaune.
14° — heurté noir.
— — rouge.
15° — brésilien noir.
— — rouge.
16° — coquillé hollandais.
17° — bouvreuil.
18° — tricolore.
19° — culbutant.
20° — tomblaire.
21° Pigeon pie noir.
— — rouge.
— — jaune.
— — bleu.
22° — — harnaché noir.
— — — rouge.
— — — bleu.
23° — à manteau bleu.
24° — capucin blanc.
— — noir.
— — rouge.
— — chamois.
— — papilloté.
25° — anglais noir.
— — bleu.
26° — cravaté blanc.
— — chamois.
— — bleu.
— — à manteau bleu.
— — — chamois.
— — — rouge.
— — — noir.
— — blanc à queue nre
27° — polonais noir.
— — rouge.
28° — paon blanc.
— — bleu.
— — noir.
— — jaune.
29° — frisé milanais, etc., etc.

PIGEON RAMIER. (Columba palumbus).

Allemand : *Die Ringel Taube.* — Anglais : *The Ring Pigeon.*

Habitant de nos bois et de nos jardins, le ramier se rencontre par toute l'Europe, mais il est surtout abondant dans les régions tempérées.

Chacun connaît ce joli pigeon pour l'avoir vu maintes et maintes fois dans nos jardins publics.

COLOMBIN. (Columba œnas).

Allemand : *Die Holly-Taube.* — Anglais : *The Stock Dove.*

Un peu plus petit que le ramier, cet oiseau diffère très-peu du biset ; son plumage est d'un gris d'ardoise, la poitrine est vineuse, les côtés du cou d'un vert changeant. Sa croupe est d'un blanc cendré, tandis que celle du biset est d'un blanc pur.

Le colombin est très-voyageur, il se rencontre très-communément en Afrique et aussi en Europe, surtout dans le midi. Il habite les bois et niche sur les branches et dans les trous des arbres.

COLOMBE PICAZURO. (COLUMBA PICAZURO).

Anglais : *The Naked-eyed Pigeon.*

Don de M. le comte de Lémont.

Le picazuro est de la grosseur du ramier, de couleur grise vineuse en dessous, plus foncée en dessus. Cette grosse espèce est remarquable par les plumes de sa nuque qui sont larges et bordées d'un filet blanchâtre, aussi semblent-elles arrangées comme les tuiles d'un toit. Cette espèce est de l'Amérique du Sud.

COLOMBE A CALOTTE BLANCHE.

(COLUMBA LEUCOCEPHALA).

Anglais : *The White Crowned Pigeon.*

Cette colombe de la taille du ramier, est originaire de l'île de Cuba et des régions chaudes de l'Amérique. Elle est noire avec la tête blanche ; les plumes de sa nuque sont larges, arrondies, comme écailleuses et imbriquées les unes sur les autres.

COLOMBE VOYAGEUSE.

(COLUMBA (ECTOPISTES) MIGRATORIA).

Allemand : *Die Wandertaube.* — Anglais : *The Wild Pigeon.* — Espagnol : *La Paloma migratoria.*

Cet oiseau aussi gros que le précédent, est propre à l'Amérique du Nord. L'été, il habite les régions septentrionales qu'il quitte l'hiver pour se répandre dans les contrées plus tempérées par bandes innombrables. Lors de ce passage, les habitants du pays en font un véritable carnage ; car la chair de ce pigeon est excellente et est pour eux une grande ressource alimentaire.

La colombe voyageuse est rousse en dessous, gris bleuâtre en dessus. Elle se reconnait au premier coup-d'œil à sa queue longue et étagée. Plusieurs fois elle a reproduit au Jardin.

COLOMBE DES BOIS. (COLUMBA TURTUR).

Allemand : *Die gemeine Turteltaube*. — Anglais : *The turtle Dove*. — Espagnol : *La Tortola*. — Italien : *La Tortora*.

Cette colombe, la tourterelle de nos bois, est un oiseau de passage, commun pendant l'été dans toutes les contrées tempérées de l'Europe, et qui vit habituellement dans les forêts. Elle est grise, ses ailes sont mêlées de roux et de noir ; sur les côtés de sa nuque se voient des oreillons noirs et blancs.

Elle s'apprivoise facilement et devient très-familière.

TOURTERELLE A COLLIER.

(COLUMBA (TURTUR) RISORIA).

Allemand : *Die gemeine Lachtaube*. — Anglais : *Barbary Turtle Dove*. — Espagnol : *La Tortola con collar*.

Cette espèce de couleur Isabelle avec un collier noir, est domestique et se trouve répandue à profusion par toute l'Europe ; son pelage café au lait et son collier noir sur la nuque la font aisément reconnaître.

Le type sauvage de cette espèce habite l'Afrique ; il existe une variété blanche de cette colombe.

TOURTERELLE MAILLÉE.

(COLUMBA (TURTUR) CAMBAYENSIS).

Allemand : *Die Cambaische Turteltaube*. — Anglais : *The Cambayan Turtle Dove*.

D'un ton roux rosé, les ailes bordées de plumes grises, la gorge pointillée de noir, cette jolie espèce Africaine reproduit très-bien en volière. On la rencontre très-abondamment en Égypte et au Sénégal.

COLOMBE VINEUSE. (COLUMBA (TURTUR) VINACEA).

Anglais : *The Vinaceous Turtle Dove.*

Elle est remarquable par la couleur rougeâtre de son plumage, habite les Guyanes et se trouve aussi dans l'Afrique occidentale.

COLOMBE VINEUSE DU CAP.

(COLUMBA (TURTUR)).

Cette espèce habitante de l'Afrique méridionale se distingue de la précédente par quelques nuances de son plumage.

COLOMBE DE LEVAILLANT.

(COLUMBA (TURTUR) LEVAILLANTII).

La colombe de Levaillant a le front blanc, la gorge, la poitrine et le ventre ainsi que la nuque d'un rose vineux tendre. Elle porte un collier noir très-marqué, ses ailes sont rousses.

COLOMBE HUMBLE. (COLUMBA (TURTUR) HUMILIS).

Cet oiseau, d'un roux vineux, se trouve abondamment à la fois dans les Guyanes et l'Afrique occidentale.

Elle ressemble beaucoup à la précédente, seulement ses couleurs sont plus ternes et sa taille moindre.

COLOMBE A DOUBLE COLLIER.

(COLUMBA BITORQUATA).

Cette colombe propre aux îles de la Sonde, a le front bleuâtre, ses couleurs sont d'un roux vineux, elle a la nuque ornée d'un double collier, un noir surmonté d'un blanc.

COLOMBE A LARGE QUEUE.

(Columba malaccensis).

Allemand : *Die Malakkische Turteltaube.* — Anglais : *The barred Turtle Dove.*

Cette espèce de petite taille est propre à la presqu'île de Malacca et aux îles de la Sonde. Elle s'apprivoise facilement et les Javanais la tiennent en cage pour se préserver des mauvais sorts. Transportée à l'île de France, elle y est devenue aujourd'hui très-commune.

Les couleurs de cet oiseau sont très-jolies, sa gorge et le milieu de sa poitrine sont roses, ses flancs sont zébrés, son dos est gris strié de noir, sa queue est longue et étagée.

COLOMBE A NUQUE PERLÉE.

(Columba tigrina).

Cette colombe remarquable par le large collier noir pointillé de blanc qu'elle porte sur la nuque est très-commune dans l'Inde et l'Archipel Indien.

COLOMBE A OREILLON BLEU. (Columba aurita).

Anglais : *The Martinica Pigeon.*

Don de M. Vauchelet.

Cette espèce des Antilles est très-commune à la Martinique.

Son plumage est d'un roux très-vif, rehaussé de deux oreillons violacés et métalliques, et de plusieurs petits miroirs bleus à reflets sur les ailes.

COLOMBE AIMABLE. (Zenaïda amabilis).

Anglais : *The Zenaïda Pigeon.*

Don de M. Fournier.

La colombe aimable a le même plumage que la précédente, mais elle est plus petite et sa queue est longue et étagée.

Elle est propre à l'Amérique du Nord, et se trouve principalement dans la Floride.

COLOMBE A AILES BLANCHES.

(ZENAIDA LEUCOPTERA).

Anglais : *The White-winged Dove.*

Cette espèce se trouve aux Antilles et au Mexique.

Elle se reconnait au premier coup-d'œil aux plumes blanches qui bordent ses ailes.

COLOMBE LONGUP.

(COLUMBA (OCYPHAPS) LOPHOTES).

Allemand : *Die Helmtaube.* Anglais : *The crested Dove.* — Espagnol : *La Poloma crestada.* — Italien : *La Colomba crestata.*

Cette espèce est de la Nouvelle-Hollande.

Son plumage est d'un gris tendre, zébré de noir, elle porte sur les ailes un beau miroir de plumes vertes à reflets ; sa queue est longue, enfin, sa tête est ornée d'une huppe gracieuse.

Introduite depuis quelques années, elle s'est montrée très-propre à vivre en captivité et se reproduit très-bien.

COLOMBE LUMACHELLE.

(COLUMBA (PHAPS) CHALCOPTERA).

Allemand : *Die bronzeflüglige Taube.* — Anglais : *The Bronze-winged Pigeon.* — Espagnol : *La Paloma de alas bronzeadas.* — Italien : *La Colomba lumachella.*

Ce pigeon, remarquable par les belles couleurs de ses ailes qui offrent les chatoiements de la lumachelle, est indigène de la Nouvelle-Galles du Sud.

Cet oiseau s'est reproduit fréquemment dans nos climats. Sa chair est estimée à la Nouvelle-Galles du Sud.

COLOMBE LABRADOR. (COLUMBA (PHAPS) ELEGANS).

Allemand : *Die elegante Taube.* — Anglais : *The opaline Pigeon.* — Espagnol : *La Poloma elegante.* — Italien : *La Colomba elegante.*

Don de M. Ramel.

Plus petite que la précédente, cette espèce a été trouvée dans la partie méridionale de la terre de Van-Diémen par les naturalistes de l'expédition à la recherche de La Peyrouse.

Elle est assez semblable à la précédente et présente aussi sur ses ailes des miroirs à reflets.

Introduite il y a quelques années en Angleterre par les soins de la Société zoologique de Londres, elle s'est reproduite régulièrement en captivité ; c'est un charmant oiseau de volière.

COLOMBE GRIVELÉE.

(COLUMBA (LEUCOSARCIA) PICATA).

Anglais : *The Wonga-wonga Pigeon.*

Ce gros pigeon habite la Nouvelle-Hollande.

Sa chair blanche et délicate, surtout celle des muscles pectoraux qui sont très-developpés, l'emporte de beaucoup sur celle des autres espèces connues. Il serait vivement à désirer qu'on put l'acclimater et le propager en Europe, où déjà il a commencé à se reproduire.

Le plumage de la colombe grivelée est d'un gris sombre sur le dos et plus clair en dessous ; sa gorge est comme entourée d'un fer à cheval blanc, son front est d'un blanc pur.

COLOMBE TURVERT. (COLUMBA JAVANICA).

Allemand : *Die smaragdgrüne Turteltaube.* — Anglais : *The Javan's Turtle Dove.* — Espagnol : *La Tortola de Java.*

Cette espèce remarquable par le plumage vert émeraude à reflets de ses ailes est propre aux îles de l'Archipel Indien et vit surtout en troupes nombreuses dans celles de Java et de Sumatra ; elle se rencontre aussi à Ceylan.

COLOMBE ÉMERAUDINE. (COLUMBA AFRA).

Anglais : *The African Turtle Dove.*

Cette espèce, propre à la partie méridionale de l'Afrique et un peu plus petite que la tourterelle des bois, niche dans les buissons.

La colombe émeraudine est propre à l'Afrique méridionale, elle est petite et se reconnait aux tons gris très-clairs de son plumage, aux petits miroirs métalliques de ses ailes et à la large raie noire qui coupe sa queue en travers.

COLOMBE TOURTELETTE. (COLUMBA CAPENSIS).

Allemand: *Die kapische Taube.* — Anglais: *The Cape Dove.*

Cette espèce, propre à l'Afrique méridionale, est remarquable par la petitesse de sa taille, son bec rouge orangé, la coloration noire de sa tête et de son cou. On l'appelle vulgairement *colombe à masque de fer.* Sa queue est très-longue et étagée ; la femelle est entièrement grise.

COLOMBE COCATZIN ou ORTOLAN.

(CHAMÆPELIA PASSERINA).

Allemand : *Die Sperlingstaube.* — Anglais : *The Passerine Pigeon Dove.* — Espagnol : *El Cocotli.*

Cette espèce, une des plus petites du genre, ne dépasse guère la taille d'une alouette, et est propre à toutes les parties chaudes et tempérées de l'Amérique du Sud ; elle vit dans les lieux arides et pierreux, cherchant sa nourriture à terre et courant comme la perdrix. Sa chair, des plus délicates, est très-recherchée aux Antilles.

Son plumage est d'un gris tendre et comme écailleux ; chacune des plumes étant bordée de tons plus sombres.

COLOMBI-GALLINE A CRAVATE NOIRE.

(COLUMBA (GEOTRYGON) CYANOCEPHALA).

Anglais : *The Blue-headed Turtle Dove.*

Ce pigeon qui habite les contrées chaudes de l'Amérique est très-commun à la Jamaïque et à Cuba, il vit toujours à terre et court comme la perdrix.

Cet oiseau comme toutes les colombi-gallines est désigné aux Antilles et en Amérique sous le nom de *perdrix*. Sa chair est excellente, il est tout-à-fait à désirer qu'on puisse le propager parmi nous.

La colombe à cravate noire se reconnait aux tons rosés de sa poitrine, et surtout au plumage bleu vif de sa tête. Sa gorge est noire et bordée d'un filet d'un blanc pur.

COLOMBI-GALLINE ROUX-VIOLET.

(COLUMBA (GEOTRYGON) MARTINICA).

Ce pigeon, remarquable par sa couleur d'un brun pourpré, habite les Antilles et surtout l'île de la Martinique.

COLOMBI-GALLINE A MOUSTACHES.

(COLUMBA MYSTACEA).

Cette espèce propre à l'Amérique du Sud et abondante à la Guadeloupe, se distingue par le large trait blanc qui dessine comme des moustaches de chaque côté de son bec. Sa chair est des plus délicates.

COLOMBI-GALLINE A NUQUE ÉCAILLÉE.

(COLUMBA (GEOTRYGON) CRISTATA).

Cette espèce que décrivit M. Temmink, sous le nom de *colombe largup*, est remarquable par la demie huppe que forme l'allongement des plumes de son occiput. Les plumes de la nuque sont larges d'un vert foncé brillant et imbriquées.

COLOMBI-GALLINE. (COLOMBA (GEOTRYGON) MONTANA).

Anglais: *The Red ground Dove.*

Don de M. le comte de Bréda.

La perdrix de montagne, c'est ainsi qu'on appelle cet oiseau au Brésil, est d'un roux vif chez le mâle, plus sombre chez la femelle. Les joues de cette colombe sont marquées de deux moustaches jaunâtres, une tache allongée de même couleur se fait voir de chaque côté de la poitrine.

NICOBAR. (COLUMBA (CALŒNAS) NICOBARICA).

Don de S. Exc. M. le comte de Chasseloup-Laubat, et de M. l'amiral La Grandière.

Le pigeon nicobar est originaire de Cochinchine et des Moluques; tout son plumage, à l'exception des plumes de la queue qui sont blanches, est d'un beau vert, à reflets pourpres et rouges cuivreux. Les plumes du cou retombent en forme de camail, comme celles du coq.

Cette espèce pourra, tout le fait espérer, reproduire sous notre climat.

GOURA ou **PIGEON COURONNÉ.**

(LOPHYRUS CORONATUS).

Allemand: *Die grosse Kronnentaube.* — Anglais: *The common crowned Pigeon.* — Espagnol: *La Paloma coronata.*

Le goura, le plus grand des pigeons, est remarquable par son plumage tout entier d'un bleu cendré et par sa huppe composée de plumes très-légères à barbes désunies et un peu frisées. Il est propre à l'Archipel des Moluques et à la Nouvelle-Guinée, où il est excessivement commun; cet oiseau s'apprivoise facilement, et s'est reproduit en Angleterre.

PÉNÉLOPES. (PENELOPE).

Ces oiseaux exclusivement propres aux régions intertropicales et tempérées de l'Amérique, peuvent être regardés comme les représentants des faisans dans le nouveau monde. Ils vivent en petites familles dans les forêts et dans les broussailles, et perchent sur les branches les plus basses des arbres. Ils se tiennent cachés pendant le jour et sortent le soir et le matin pour se rendre sur la lisière des bois, et y chercher leur nourriture qui consiste en graines, fruits, bourgeons, jeunes pousses d'herbes, etc. Ils portent en marchant la queue un peu baissée et l'ouvrent à chaque mouvement ; leur vol est bruyant, bas, embarrassé et de peu d'étendue.

La femelle pond environ huit œufs dans un nid qu'elle construit avec des bûchettes sur un arbre touffu.

Ces oiseaux dont la chair exquise rappelle celle du faisan, s'élèvent avec la plus grande facilité en domesticité. Ils seront une précieuse acquisition, comme gibier pour nos parcs, et comme volaille pour nos basses-cours, lorqu'on sera parvenu à les multiplier dans notre pays.

PÉNÉLOPE MARAIL. (PENELOPE MARAIL).

Allemand: *Der Marail.* — Anglais: *The Brasilian Guan.* — Espagnol : *El Yacú maray.* — Italien : *La Penelope marail.*

Don de M. Chapuis et du comité d'acclimatation de Cayenne.

D'un vert foncé, brillant de teintes cuivrées, avec les joues et la gorge nues et rouges.

Les marails se rencontrent au Brésil et dans les Guyanes.

GRANDE PÉNÉLOPE. (PENELOPE PURPURASCENS).
Anglais : *The Mexican Guan.*

Cette grande espèce d'origine Mexicaine, est semblable pour ses formes et la disposition de son plumage au marail, mais sa taille est supérieure d'un tiers environ.

PÉNÉLOPE A SOURCILS BLANCS.
(PENELOPE SUPERCILIOSA).
Allemand : *Der Yaku.* — Anglais : *The White-eyebrowed Guan.*

Don de M. le comte de Lémont.

De la même taille que la pénélope marail de même couleur, cette espèce se fait reconnaître aux sourcils blanchâtres qui ornent sa tête. Elle est originaire du Brésil.

PÉNÉLOPE PEOA. (PENELOPE SUPERCILIARIS).
Anglais : *The White-eyebrowed Guan.*

D'un vert foncé comme les précédentes, cette espèce s'en distingue par sa taille un peu moindre et aussi par les tons d'un roux vif qui bordent les plumes de ses ailes. Sa tête porte aussi au-dessus de ses yeux deux sourcils blanchâtres assez indistincts.

Elle est originaire du Brésil.

PÉNÉLOPE SIFLEUR. (PENELOPE PIPILE).

Don de MM. le comte de Lémont et Tardy de Montravel.

Le plumage de cette belle espèce est noir à reflets bleus avec de grands miroirs blancs sur les ailes. La tête est blanche ; les joues et la gorge nues, sont d'un blanc bleuâtre.

On rencontre cet oiseau au Brésil sous le nom de *jacu-inga*.

PÉNÉLOPE A TÊTE BLANCHE.
(PENELOPE PILEATA).
Anglais : *The pileated Guan.* — Espagnol : *El Yacú de cabeza blanca.* — Italien : *Da Penelope con la testa bianca.*

La tête blanche, les ailes d'un noir vert, le cou et

le reste du corps d'un roux vif flammé de blanc, les pieds rouges ; cette espèce facile à reconnaître est originaire du Brésil.

PARRAKOUA MOTMOT. (ORTALIDA MOTMOT).

Anglais : *The little Guan.*

Cette espèce se rencontre au Brésil et dans les Guyanes, elle ressemble beaucoup aux pénélopes, mais s'en distingue par sa gorge emplumée, son bec plus court et fort. Cet oiseau de moindre volume que les précédents, est d'un plumage uniformément brun roussâtre sur le corps et plus roux sur la tête.

HOCCO (CRAX).

On connait un grand nombre d'espèce de hoccos, toutes sont originaires de l'Amérique chaude. On les rencontre au Mexique, dans l'Amérique centrale, au Brésil, dans les Guyanes et au Paraguay.

Ces oiseaux d'une taille considérable, presque tous de couleur noire, portent une huppe de plumes mobiles remarquablement frisées.

Les hoccos vivent en troupes plus ou moins nombreuses, se plaisent dans les lieux les plus élevés des forêts, et aiment à se percher sur les arbres les plus hauts. Ils vivent de graines, de baies, de bourgeons ; ils sont naturellement familiers.

La femelle place son nid, composé de bûchettes entrelacées, tantôt sur le sol, tantôt dans les anfractuosités des rochers ou sur les grosses branches d'arbres. La ponte est de cinq à huit œufs blancs, dont la coquille est fort épaisse.

La chair du hocco est d'un goût exquis.

Les habitudes sociables de cet oiseau semblent l'indiquer à la domestication. Des tentatives ont été faites à diverses reprises pour acclimater et propager en Europe le Hocco. L'Impératrice Joséphine en avait plusieurs à la Malmaison. Plus tard, M. Ameshoff est parvenu à en avoir dans sa basse-cour en aussi grande abondance que les autres volailles.

Enfin plusieurs amateurs distingués sont parvenus à faire reproduire ces oiseaux dans leurs volières ou leurs basses-cours.

Mais il ne faut pas se dissimuler que la conquête de ces espèces sera fort difficile, car elles sont très-sensibles au froid.

HOCCO ALECTOR. (CRAX ALECTOR).

Allemand : *Der guajanische Hokko* oder *Pauwis*. — Anglais : *The crested Curassow*. — Espagnol : *El Pavo del monte de la Guiana*. — Italien : *La Crace Alettore*.

Don de M. Bataille.

Noir à reflets bleus, ce hocco est celui qui arrive le plus communément en Europe. Il est originaire de la Guyane et se reconnait à la cire jaune et sans renflements ni caroncules de son bec.

Le mâle se distingue de la femelle par la coloration jaune de la peau de ses joues.

HOCCO ? (CRAX ?).

Don du comité d'acclimatation de Cayenne.

Très-semblable à l'alector dont il présente et la taille et les formes, ce hocco s'en distingue par la nuance de ses reflets.

En effet, ses plumes sont teintées de vert, tandis que le reflet des plumes de l'alector est bleuâtre.

HOCCO DE GUATEMALA. (CRAX ?).

Don de M. Chesnay.

Plus grand que les précédents, ce hocco offre dans son plumage des reflets verts, mais sa huppe beaucoup plus développée, permet de le bien distinguer.

HOCCO GLOBICÈRE. (CRAX GLOBICERA).

Allemand: *Der currassavische Hokko.* — Anglais : *The globose Curassow.* — Espagnol : *El Pavo del monte del Brasil.* —Italien: *La Crace globigera.*

Cette espèce à reflets verts diffère principalement des précédentes par l'excroissance arrondie, placée à la base de la mandibule supérieure du bec, en avant de la membrane jaune, elle se trouve principalement au Brésil et dans la province de Missiones.

La femelle ne présente pas d'excroissance sur le bec et se confond très-aisément avec celles des espèces précédentes.

HOCCO A BARBILLONS. (CRAX CARUNCULATA).

Allemand : *Der warze Hokko.* — Anglais : *The Yarrell's Curassow.*

Le hocco à barbillons diffère de l'alector, en ce qu'il a le bec orné d'une cire d'un rouge orangé, renflée en dessus et formant en dessous deux petites saillies. Cette espèce propre au Brésil se rencontre aussi dans le Paraguay.

HOCCO FASCIOLÉ. (CRAX FASCIOLATA).

Anglais : *The banded Curassow.*

Don de M. le comte de Lémont.

Ce qui distingue ce hocco de ses congénères, auxquels d'ailleurs il ressemble par le volume et par la forme, c'est son plumage noir rayé de blanc, les cires de son bec sont noires et marquées de jaune. Cette espèce est brésilienne.

HOCCO ZÉBRÉ. (CRAX ?)

Se distingue du précédent parce que les zébrures de son plumage sont beaucoup moins accusées.

HOCCO NOIR. (CRAX ?)

Ce hocco que le Jardin a reçu pour la première fois en 1864, est entièrement noir.

HOCCO BRUN. (CRAX FUSCA).

Cette espèce est brune et de grande taille, c'est une de celle qui reproduit le plus facilement. Elle vient du Brésil.

HOCCO DU PRINCE ALBERT. (CRAX ALBERTI).

Anglais: *The Prince Albert's Curassow.*

Le mâle de cette espèce est noir, avec la cire du bec bleue.

La femelle est brune, les plumes de sa huppe sont noires rayées de blanc.

C'est une des plus grandes espèces de hoccos. Elle vient du Brésil.

PAUXI MITU. (CRAX MITU).

Allemand: *Der Mitu.* — Anglais: *The Razor-billed Curassow.*

Don de M. le vicomte de Lémont, Consul de France à Pernambuco.

Ce hocco, vulgairement désigné sous le nom de hocco à bec de rasoir, se reconnait au premier coup-d'œil à son bec très-développé, formant une proéminence tranchante et d'un rouge très-vif. Les pattes de cette espèce sont également rouges. Son plumage est noir bleuâtre comme celui de la plupart de ces espèces.

DINDON.

(MELEAGRIS GALLO-PAVO).

Allemand: *Der Truthan.* — Anglais: *The Turkey.* — Espagnol: *El Pavo.* — Italien: *Il Gallo d'India.*

Le dindon sauvage est originaire des régions tempérées de l'Amérique du Nord; il vit tantôt isolément, tantôt par troupes plus ou moins nombreuses dans les bois et les campagnes couvertes de broussailles et de grandes herbes, et se retire la nuit sur les arbres les plus élevés. Cet oiseau fait souvent, vers l'automne, d'assez longs voyages, pour se procurer une nourriture plus abondante. Il voyage alors par troupes distinctes, les unes composées des mâles seulement et les autres des femelles et des jeunes.

Arrivés au terme du voyage, les individus s'isolent pour chercher leur nourriture, qui consiste en graines et fruits de toutes espèces, en insectes, lézards et autres petits animaux.

La femelle fait son nid avec quelques feuilles sèches au pied d'une souche ou sous un buisson. Elle y pond de dix à quinze œufs d'un blanc sale et tachetés de points rougeâtres.

Le dindon sauvage est noir comme le sont encore la plupart des dindons domestiques. Seulement son plumage est orné de reflets métalliques les plus brillants et les plus beaux.

Dindon domestique.

Dans l'Amérique du Nord, les dindons sauvages se croisent volontiers avec les dindons domestiqnes, ce produit est fort recherché.

Ce croisement a été fait au Jardin à diverses reprises, et a donné de très-bons résultats ; les oiseaux ainsi produits acquièrent en effet un très-gros volume et conservent en partie le brillant plumage de l'espèce sauvage.

Oviédo est le premier qui ait parlé du dindon ; selon quelques historiens, il existerait en France depuis 1518 ou 1520 ; selon d'autres, il aurait été d'abord introduit en Espagne, d'où il aurait passé en Angleterre vers 1524. Cet oiseau, encore fort rare sous Henri IV, commença à devenir commun vers 1630.

Quelque soit l'époque de l'introduction du dindon, époque relativement récente, la domesticité l'a considérablement modifié. Sa taille s'est accrue, des variétés dans la coloration du plumage ont été obtenues.

Nous citerons celles que possède le Jardin :

1. Le Dindon noir.
2. — panaché ou jaspé.
3. — blanc.
4. — bleu (gris).
5. — rouge.
6. — jaune (chamois).

PINTADE. (NUMIDA MELEAGRIS).

Allemand : *Das Perlhuhn.* — Anglais: *The Guinea Hen.* — Espagnol: *La Pintada ó Gallina de Guinea.* — Italien : *La Gallina de Numidia.*

La pintade que l'on appelle encore *poule numidique, africaine, de Barbarie,* etc., est originaire du Nord de l'Afrique, et était connue des anciens sous le nom de *Meleagris.*

Cet oiseau est domestiqué depuis la plus haute antiquité. Sa chair très-délicate, ne le cède qu'à celle du faisan. On ne peut que s'étonner qu'il ne soit pas plus répandu; son cri discordant et monotone est sans aucun doute pour beaucoup dans l'éloignement qu'inspire cet oiseau.

La pintade a la tête déplumée et surmontée d'un cartilage en forme de casque, elle porte de chaque côté du bec des barbillons blancs à leur naissance, rouges à l'extrémité.

Le plumage de cet oiseau est ardoisé, ses plumes sont bleuâtres, mais couvertes partout de taches blanches.

On distingue plusieurs variétés dans cette espèce :

1. La Pintade ordinaire.
2. — panachée.
3. — lilas.
4. — blanche.

Les œufs de la pintade, plus petits que ceux de la poule, à coquille très-épaisse, sont d'un blanc jaunâtre, pointillé de brun plus ou moins foncé et parfois de couleur nankin uniforme. La ponte est de dix-huit ou vingt œufs, que la femelle dépose dans un nid grossièrement fait et qu'elle cache dans les haies et les buissons.

PINTADE A JOUES BLEUES.

(NUMIDA PTILORHYNCHA).

Don de M. Ferdinand de Lesseps.

Cette espèce dont le plumage et les formes ne diffèrent presque pas de ceux de la pintade ordinaire, se reconnait à la couleur bleue tendre de ses barbillons.

Cet oiseau vit à l'état sauvage dans la haute Égypte et au Sénégal ; il reproduit facilement en captivité. Son cri est beaucoup moins désagréable que celui de la pintade commune.

PINTADE A TIARE. (NUMIDA TIARATA).

Don de la Société d'acclimatation de l'Ile de la Réunion.

Originaire de Madagascar, cette espèce n'était jamais venue vivante en Europe. Elle diffère peu des pintades dont nous avons parlé, cependant son casque arrondi, comparé à une tiare, ses barbillons rouges très-effilés, sa gorge colorée des tons bleus les plus variés et les plus riches, la caractérisent très-bien.

PAON ORDINAIRE. (PAVO CRISTATUS).

Allemand : *Der Pfau*. — Anglais : *The crested Peacock*. — Espagnol : *El Pavo real*. — Italien *Il Pavone*.

Don de M. Grimblot, Consul de France.

Cet oiseau originaire de l'Inde, se trouve le plus communément sur la côte de Malabar et au Bengale. Il existe aussi dans les îles de Ceylan, de Sumatra et de Bornéo.

Le paon sauvage vit par petites troupes sur la lisière des grands bois et perche la nuit sur les arbres les plus élevés.

La femelle pond au printemps, dans un nid grossièrement établi à terre et dans des lieux très-retirés, une douzaine d'œufs blancs, sans taches, avec des pores très-marqués et de la grosseur de ceux du dindon.

Paon domestique.

On croit que le paon a été importé de l'Inde par les flottes de Salomon ; mais il ne s'est répandu dans l'Europe méridionale qu'après les conquêtes d'Alexandre. Aristote, Columelle, Varron et Pline en parlent, et du temps du dernier de ces auteurs, il était assez commun en Italie.

Le paon domestique est resté en domesticité ce qu'il est encore à l'état sauvage ; cet oiseau n'a rien perdu de la beauté de son plumage.

On en connait trois variétés :

1. Le Paon domestique ordinaire.
2. — — panaché.
3. — — blanc.

La chair des jeunes paons est excellente, les romains en faisaient grand cas, elle est cependant aujourd'hui d'un usage très-restreint.

PAON dit DU JAPON. (PAVO NIGRIPENNIS).

Allemand : *Der japanische Pfau.* — Anglais : *The Black-winged Pea-Fowl.* — Espagnol : *El Pavo real del Japon* — Italien : *Il Pavone del Giappone.*

Le paon du Japon, peu répandu jusqu'ici, diffère du paon ordinaire par la coloration bleue à reflets métalliques de ses ailes. La femelle de cette espèce est d'un blanc sale, sa nuque est ornée de quelques plumes vertes à reflets.

Cette espèce est originaire de l'Inde.

PAON SPICIFÈRE (PAVO SPICIFERUS).

Anglais : *The Green-necked Pea-Fowl.*

Don de S. Exc. M. le comte de Chasseloup-Laubat, et de M. l'amiral La Grandière.

Cet oiseau se distingue au premier abord des paons ordinaires et du Japon, par la coloration verte et la forme des plumes imbriquées de son cou.

La femelle du paon spicifère est presque aussi richement colorée que le mâle ; son aigrette est composée d'une vingtaine de plumes effilées, garnies de chaque côté de la barbe de barbules fines et libres qui se réunissent pour former une palette allongée au lieu d'être triangulaire comme dans les autres espèces.

Cette espèce est originaire de la Cochinchine et de l'Archipel Indien.

TRAGOPAN SATYRE. (CERIORNIS SATYRA).

Anglais: *The Horned Tragopan.*

Le tragopan est à peu près de la grosseur d'un coq ; sa tête est presque nue, il a derrière les yeux de petites cornes grèles bleues, sous la gorge un fanon aussi de couleur bleue qui se redressent ou se gonflent suivant la volonté de l'oiseau.

Le plumage du tragopan mâle est d'un rouge très-vif maculé de belles taches blanches ; les plumes de la tête et celles du vol sont noires.

La femelle est de couleur brune, ses plumes comme celles du mâle sont ocellées de blanc.

Les tragopans satyres que possède le Jardin sont nés à Londres, des individus ramenés de l'*Himalaya* par M. Stone ; tout fait espérer que ces oiseaux très-robustes et de climat froid, pourront devenir l'ornement de nos volières et les hôtes de nos bois.

TRAGOPAN DE TEMMINCK.

(CERIORNIS TEMMINCKII).

Anglais : *The Temmink's Tragopan.*

Don de M. Dabry, Consul de France.

Cette espèce est de taille un peu inférieure à la précédente ; elle a avec elle les plus grandes ressemblances, cependant sa tête est ornée d'une huppe noire assez longue, les yeux que portent ses belles plumes rouges sont bleuâtres au lieu d'être blancs.

Le tragopan de Temminck vit en Mantchourie. Le Jardin n'a jusqu'ici reçu que des mâles de cette superbe espèce.

FAISAN DORÉ DE LA CHINE.

(PHASIANUS (THAUMALEA) PICTUS).

Allemand : *Der Goldfasan.* — Anglais : *The painted Pheasant.* — Espagnol : *El Faisan dorado.* — Italien : *Il Fagiano screziato.*

L'un des plus beaux oiseaux que l'on connaisse, le faisan doré est originaire de la Chine d'où il nous est venu vers le milieu du dix-huitième siècle.

Le mâle a le ventre rouge, porte une huppe jaune d'or et une collerette d'un jaune vif zébré de noir, ses ailes sont d'un bleu sombre, son croupion est couleur d'or rehaussé de plumes rouges ; sa queue très-longue est d'un brun uniforme.

Ses œufs, proportionnellement plus petits que ceux de la poule sont jaunâtres.

Beaucoup moins farouche que le faisan ordinaire, il s'apprivoise facilement et vit très-bien dans la basse-cour.

Cet oiseau, dont la chair est très-délicate, s'est parfaitement reproduit dans quelques forêts, et on peut espérer qu'il s'y multipliera.

En domesticité le faisan doré a donné plusieurs variétés, ce sont les suivantes :

1. Le Faisan doré ordinaire.
2. — — charbonnier.
3. — — isabelle.

FAISAN DE WALLICH.

(PHASIANUS (CATREUS) WALLICHII).

Allemand : *Der Wallichs Fasan.* — Anglais : *The Cheer* or *Wallich's Pheasant.* — Espagnol : *El Faisan de Wallich.* — Italien : *Il Fagiano di Wallich.*

Ce faisan est originaire du nord-est de l'Hindoustan et abonde surtout dans les montagnes des environs de Simla, d'où lord Hardinge en apporta, il y a quelques années, un mâle qui vécut plusieurs années dans les jardins du palais de Buckingham. En 1857, la Société zoologique de Londres reçut, des mêmes contrées, un coq et deux poules, qui se sont parfaitement acclimatés et reproduits.

Le wallich est plus gros que les autres faisans ; son plumage offre un mélange de gris, de brun clair et de noir, disposés avec beaucoup d'harmonie. Le mâle et la femelle sont presque semblables.

FAISAN COMMUN. (PHASIANUS COLCHICUS).

Allemand : *Der Gemeine Fasan.* — Anglais : *The Pheasant.* — Espagnol : *El Faisan.* — Italien : *Il Fagiano.*

Cet oiseau, dont l'introduction en Grèce remonte à l'expédition des Argonautes qui le trouvèrent en abondance sur les bords du Phase, se trouve en abondance dans le Caucase et les plaines boisées et marécageuses avoisinant la mer Caspienne.

Mais on peut aujourd'hui le considérer à bon droit

comme un gibier Européen; il a donné naissance en domesticité à plusieurs variétés qui sont les suivantes :

1. Faisan commun ordinaire.
2. — — à collier.
3. — — panaché.
4. — — cendré.
5. — — blanc.

Le faisan vit de préférence dans les contrées boisées et un peu humides, il se tient habituellement à terre, mais perche la nuit sur les branches les plus élevées des arbres.

FAISAN A COLLIER. (PHASIANUS TORQUATUS).

(Vulgairement désigné sous le nom de **Faisan Indien**).

Allemand : *Der Halsringfasan.* — Anglais : *The Ring-necked or Chinese Pheasant.* — Espagnol : *El Faisan con collar.* — Italien : *Il Fagiano con collare.*

Don de M. Pierre Pichot.

Le faisan à collier est originaire de la Chine occidentale et orientale, ses formes plus effilées, son croupion vert, ses flancs jaunâtres, ses couleurs plus vives, le distinguent du faisan commun.

Introduite depuis quelques années seulement, cette espèce a très-bien réussi, elle s'élève facilement, donne avec le faisan commun des métis très-féconds.

Le faisan à collier est extrêmement farouche, ce défaut le fait rechercher pour le peuplement des chasses, car il se défend très-bien au bois.

FAISAN DE MONGOLIE. (PHASIANUS MONGOLICUS).

Anglais : *The Mongolian Pheasant.*

Don de M. Dabry, Consul de France.

Cet oiseau n'est peut-être qu'une variété du faisan à collier, dont il a les formes élancées et la coloration.

Cependant les tons de son plumage ne sont pas absolument semblables à ceux que nous sommes habitués à rechercher dans le faisan à collier, il est moins brillant de couleurs. Sa patrie est beaucoup plus septentrionale que celle du précédent, on le rencontre en Mongolie et en Mantchourie.

FAISAN VERSICOLORE. (PHASIANUS VERSICOLOR).

Allemand: *Der Buntfasan.* — Anglais: *The variegated Pheasant.* — Espagnol: *Fl Faisan variado.* — Italien: *Il Fagiano variopinto.*

Le faisan versicolore est originaire du Japon, il y a cinq ans il manquait encore à la plupart des Musées, aujourd'hui il est assez répandu en Europe pour qu'on ait pu commencer à le lâcher en forêt pour enrichir les chasses d'un nouveau gibier.

De même taille et de même forme que le faisan commun, cette espèce a la tête et la poitrine d'un beau bleu verdâtre à reflets métalliques. La femelle est à peine distincte de la poule du faisan à collier.

FAISAN DE SŒMMERING. (PHASIANUS SŒMMERINGII).

Allemand: *Der Sömmering Fasan.* — Anglais: *The Sœmmering's Pheasant.* — Espagnol: *El Faisan de Sœmmering.* — Italien: *Il Fagiano di Sœmmering.*

Don de S. E. M. Rouher.

Cette espèce, récemment importée du Japon, est remarquable par la belle couleur rougeâtre à reflets cuivrés de son plumage et par la longueur démesurée de la queue. La robe de la poule est brune flammée de noir. Le faisan de Sœmmering est jusqu'ici fort peu répandu, et les quelques paires (cinq) qui existent en Europe n'ont reproduit que fort médiocrement jusqu'ici. M. Vekemans, du jardin zoologique d'Anvers (Belgique), est le seul jusqu'à ce jour qui ait su faire reproduire cette belle espèce.

FAISAN ARGENTÉ. (PHASIANUS NYCTHEMERUS).
(NYCTHEMERUS ARGENTATUS).
Allemand: *Der Silberfasan.* — Anglais: *The Silver* or *Pencillated Pheasant.* — Espagnol: *El Faisan plateado.* — Italien : *Il Fagiano bianco e nero.*

Le plumage du faisan argenté mâle, est d'un noir de jais en dessous, d'un blanc d'argent en dessus, il porte une huppe de plumes noires effilées, ses joues sont d'un rouge de sang ; la femelle est d'un roux terne avec une petite huppe noire, elle pond de douze à quatorze œufs gros comme ceux de la poule, d'une couleur rougeâtre et unicolores. Ce faisan de tous, le plus facile à élever, est originaire du Nord de la Chine, l'époque de son introduction qui ne remonte pas très-loin, n'est pas bien connue. Cet oiseau est aujourd'hui non-seulement acclimaté, mais entièrement domestiqué. Il est des basses-cours dans lesquelles il vit en liberté, et où les femelles vont pondre et couver au poulailler dans les paniers des poules domestiques.

La chair du faisan argenté est de très-bon goût.

MÉTIS DE FAISAN ARGENTÉ ET DE HOUPPIFÈRE.

Don de M. le Baron James de Rothschild.

M. le Baron de Rothschild et M. Delaurier (d'Angoulême), ont eu l'idée de croiser le faisan argenté et le houppifère, (faisan noir de l'Himalaya), ils ont obtenu ainsi une variété d'un fort joli plumage, et féconde à ce qu'ils assurent ; elle ressemble beaucoup au faisan argenté, seulement le dos et la queue sont de couleur cendrée au lieu d'être blancs.

HOUPPIFÈRE DE CUVIER. (EUPLOCOMUS CUVIERI).
Allemand : *Der Büchgeltragendefasan.* — Anglais: *The Purple Kaleege.*

Des monts Himalaya, le plumage de cette espèce est

entièrement noir ; les plumes de son croupion seules sont blanches, la femelle qui porte une huppe comme le mâle est d'un brun foncé.

HOUPPIFÈRE MÉLANOTE.

(EUPLOCOMUS MELANOTUS).

Anglais : *The Black-backed Kaleege.*

Des monts Himalaya, le mélanote est noir comme le précédent, seulement les plumes de sa poitrine sont blanches ; la femelle est absolument semblable à celle du houppifère de Cuvier, mais un peu plus claire de ton.

HOUPPIFÈRE LEUCOMÈLE.

(EUPLOCOMUS ALBO-CRISTATUS).

Anglais : *The White-crested Kaleege.*

Des monts Himalaya, ce faisan est noir comme les deux précédents ; mais comme le premier, il a le croupion blanc, comme le second le poitrail blanc, et enfin sa huppe est blanche et plus développée que dans ceux de ses congénères dont nous avons déjà parlé.

La femelle ne diffère de celle des deux autres espèces que par sa coloration qui est de beaucoup plus claire.

Ces trois espèces si voisines, se croisent entre elles avec une extrême facilité et donnent des produits féconds. Le plus souvent les jeunes obtenus sont absolument noirs, ou s'il reste quelque trace de blanc ce n'est que sur la tige des plumes de la poitrine des mâles.

Ces houppifères vivent dans l'Himalaya, comme cantonnés ; chaque espèce occupant une même localité ; plus loin on rencontre une des autres espèces, mais dans l'intervalle les faisans que l'on peut observer sont des métis des deux espèces voisines. Ce fait curieux nous a été signalé par M. Stone, qui a longtemps habité les lieux que fréquentent ces oiseaux.

HOUPPIFÈRE BLEU.

(EUPLOCOMUS (GALLOPHASIS) PRELATUS).

Don de S. Exc. M. le comte de Chasseloup-Laubat.
— M. Rieunier.
— M. le colonel Marchaisse.

Le premier représentant vivant de cette espèce qui ait été introduit en Europe, fut ramené du royaume de Siam, en 1862, par M. Bocourt ; il était donné au Muséum d'Histoire Naturelle par M. l'Abbé Larenaudie.

Le Jardin d'acclimatation a été assez heureux, grâce à de généreux donateurs, pour recevoir cette espèce des possessions françaises en Cochinchine.

Le faisan bleu mâle est d'un gris tendre, il porte une huppe de plumes longues et effilées, terminées par un bouquet de barbules ; son croupion est orné des plus riches couleurs. Le soleil se jouant sur ces plumes, que les ailes repliées cachent le plus souvent, fait jaillir les reflets irisés les plus brillants.

La femelle est d'un roux zébré de noir.

Celle que possède le Jardin est la première et la seule qui soit jamais venue en Europe.

Tout fait espérer que cette espèce introduite tout récemment, reproduira ; elle est d'ailleurs très-rustique et quoique originaire des forêts des pays les plus chauds du globe, les rigueurs de nos hivers ne l'ont pas fait souffrir.

LOPHOPHORE RESPLENDISSANT.

(LOPHOPHORUS REFULGENS).

Anglais : *The Impeyan Pheasant.* — Espagnol : *El Lofoforo brillante.*
Italien : *Il Lofoforo splendente.*

Le lophophore, l'un des plus beaux oiseaux de l'ordre des gallinacés, est originaire des hautes montagnes du Nord de l'Hindoustan (Himalaya). Sa tête est ornée d'un panache élégant, composé de plumes dont la tige, droite et mince, est terminée par une sorte de palette allongée et dorée. Tout le dessus du corps offre les nuances les plus éclatantes de vert bronzé à reflets dorés, pourpres et azurés ; c'est ce qui l'a fait appeler l'*Oiseau d'or*.

La femelle n'a rien de la belle parure du mâle, ses plumes sont rousses et marquées au milieu d'une flamme blanche, sa gorge est blanche. Ses œufs, un peu plus gros que ceux de la poule, sont d'un blanc jaunâtre et maculés d'un roux plus ou moins vif.

Le lophophore préfère aux climats chauds les contrées tempérées et même froides.

La première tentative d'introduction de cet oiseau en Europe a été faite, mais sans succès, par lady Impey. Dans ces dernières années la Société zoologique de Londres s'en est procuré quelques couples qui se sont régulièrement reproduits. Celui que possède le Jardin a donné, à plusieurs reprises, un assez grand nombre d'œufs ; mais les petits n'ont pu être élevés.

SONG-KI. (CROSSOPTILON AURITUM)

Don de M. Berthemy, Ministre plénipotentiaire de France.

Le song-ki n'est connu que depuis peu d'années ; il n'avait jamais été ramené vivant en Europe.

Cet oiseau de la grosseur d'une poule de moyenne taille, est noir ; sa queue formée de longues pennes blanches à barbes déliées se relève et lui donne un aspect tout particulier. Les plumes du tour du cou sont blanches et s'allongent assez pour former deux cornes très-développées qui dépassent de chaque côté le sommet de la tête. Le tour des yeux et les joues sont nus et colorés en rouge vif.

Le mâle dont le plumage est absolument semblable à celui de la femelle, porte un éperon.

Le Song-ki habite les montagnes du Nord de la Chine et le Thibet.

COQ DE SONNERAT. (GALLUS SONNERATTII).

Anglais : *The Sonnerat's Jungle-Fowl.*

Cette espèce a été longtemps regardée comme la souche originelle du coq domestique ; elle vit sur le continent indien. Le coq de Sonnerat rappelle beaucoup, par ses formes, le coq ordinaire ; mais il en diffère par son camail ponctué de taches blanches.

La poule est de couleur brune et présente sur les plumes de son cou des taches blanchâtres.

Cet oiseau assez délicat reproduit facilement, et donne avec la poule domestique des métis qui reproduisent bien.

COQ DOMESTIQUE. (GALLUS DOMESTICUS).

Allemand : *Das Haushuhn.* — Anglais : *The common Cock.* — Espagnol : *El Gallo.* — Italien : *Il Gallo.*

Comme la plupart des animaux domestiques, le coq est originaire de l'Inde ; mais l'époque de sa soumission à l'homme se perd dans la nuit des temps.

La poule a été transportée dans tous les climats et s'y est implantée ; aussi a-t-elle donné naissance à un nombre pour ainsi dire infini, de variétés ; les unes dues à l'action de lieux d'habitat, les autres aux soins que l'homme lui-même a pris de les former.

Le type sauvage des races gallines semble être le *coq bankiva (gallus bankiva)* qui vit aujourd'hui encore à l'état sauvage dans les îles de l'Archipel Indien.

Quelques naturalistes pensent cependant que l'ancêtre de notre coq est le *coq de Lafayette (gallus lafayettii)* qui vit à Ceylan et sur le continent voisin.

Nous ne nous occuperons ici que des races gallines que possède le Jardin, dont la collection est la plus complète qui ait été formée :

1. RACE DE HOUDAN.

La race de Houdan (Seine-et-Oise), se reconnait à son plumage irrégulièrement caillouté blanc et noir.

La tête du coq est ornée d'une demi-huppe dirigée en arrière et d'une crête triple et transversale, tantôt semblable à celle des volailles de Crève-Cœur, tantôt ouverte en gobelet. Les barbillons, assez développés, se relient à la crête par des parties charnues qui forment les joues; les oreillons sont courts et cachés par les favoris formés de plumes courtes, retroussées et pointues.

Un des caractères de la race de Houdan est d'avoir cinq doigts, trois antérieurs, deux postérieurs.

Cette espèce très-rustique s'élève facilement et s'engraisse très-bien. Ses pontes sont abondantes et précoces ; ses œufs volumineux et d'un beau blanc ; mais elle est une couveuse médiocre.

2. RACE DE CRÈVE-COEUR.

Cette poule française, propre au pays d'Auge en Normandie, s'engraisse avec facilité et fournit des volailles justement estimées. Sa tête est forte, ornée d'une huppe et de favoris ; sa crête double et en forme de cornes redressées ; les barbillons sont longs et pendants, et les oreillons courts et cachés.

Le Jardin possède trois variétés de la race de Crève-Cœur :

a. La variété noire ; b. La variété bleue ;
c. La variété blanche ;

3. RACE DE LA FLÈCHE.

Cette race, l'une des plus belles de nos races indigènes, est propre au pays du Maine, où son type est toujours resté pur, surtout aux environs de la Flèche.

Le plus élevé de tous les coqs français, celui de La Flèche, paraît moins gros qu'il ne l'est réellement, en raison de son plumage collant au corps. Sa crête transversale est double, en forme de cornes infléchies en avant, réunies à leur base et écartées au sommet. Les barbillons sont pendants et très-allongés, et les oreillons d'un blanc mat vont se replier sous le col. La couleur de cet oiseau est généralement d'un beau noir.

La race de La Flèche assez bonne pondeuse, s'engraisse très-facilement ; c'est elle qui produit les poulardes du Mans, dont la réputation est si méritée.

4. RACE DU MANS.

Cette race porte une demi-huppe de plumes qui retombent sur l'occiput ; sa crête, double est très-volumineuse ; les barbillons sont ronds et de moyenne longueur ; enfin son plumage est en général noir avec des reflets verts. Elle pond assez bien, mais couve peu ; ses œufs sont d'un beau volume. Elle s'engraisse bien et fournit de très-bonnes volailles.

5. RACE COURTES-PATTES.

Cette poule se trouve communément dans le Maine et la Bretagne ; elle est remarquable par la brièveté de ses pattes qui lui donnent une allure et un aspect particuliers.

Cette volaille est bonne pondeuse, facile à engraisser et donne une viande de très-bonne qualité.

Son plumage est tantôt noir, tantôt caillouté. On distingue :

a. La variété à crête simple ;
b. — — double ;

6. RACE BRESSANE.

Les volailles de Bresse sont justement renommées pour leurs qualités et les récents concours tenus à Poissy (1864) et à Paris (1865), ont fait ressortir tous les mérites de cette race. Il faut ajouter que les soins pris par les éleveurs de Bresse pour l'engraissement des volailles et les précautions minutieuses qui sont usitées dans ce pays pour préparer l'animal tué ne doivent pas peu contribuer au bel aspect que présentent les animaux qui ont été exposés.

En tant que race, la volaille bressane laisse à désirer, car il n'y a pas dans le pays de type bien fixe qui puisse représenter cette précieuse variété.

Nous avons vu dans les concours et nous avons reçu du pays des volailles de toutes couleurs, à crêtes simples, divisées ou doubles, à pattes jaunes, bleues ou roses, à quatre et à cinq doigts.

Le coq et les poules bressans que possède le Jardin sont blancs avec un collier noir, les faucilles du coq sont noires.

Ces oiseaux sont volumineux, bien charpentés; leurs pattes sont roses, la crête du coq est droite et simple.

7. RACE DE DORKING.

La race de Dorking a cinq doigts, elle est propre à la Grande-Bretagne d'où elle a été importée en France depuis fort longtemps. C'est, en Angleterre, la plus estimée des volailles pour les tables somptueuses.

Cet oiseau est d'une belle prestance. Sa crête simple, grande, élevée, droite, est profondément et régulièrement dentelée; les barbillons sont longs et pendants, les oreillons assez allongés, rouges à leur extrémité et d'un bleu azuré vers le haut.

La poule assez bonne couveuse s'engraisse très-facilement et sa chair est d'un goût exquis; malheureusement elle est délicate, et craint les grandes gelées et l'humidité.

8. RACE DE GASCOGNE.

M. Granié, de Toulouse, s'est beaucoup occupé de mettre en honneur les volailles dites de Gascogne qui se perdaient peu à peu, par suite de croisements faits maladroitement.

Cette race mérite en effet d'être cultivée, à cause de sa sobriété et de l'activité avec laquelle elle sait chercher sa nourriture même au loin ; elle est bonne pondeuse et sa chair est de très-bonne qualité.

9. RACE DE BARBEZIEUX.

Cette race, originaire du département de la Charente, est de très-bonne qualité. Elle semble par sa conformation être le résultat d'un croisement entre la volaille du Mans et celle d'Espagne.

Elle participe en effet des qualités de ces deux variétés.

10. RACE ESPAGNOLE.

Cette espèce n'est connue en France que depuis quelques années, et nous est venue de l'Angleterre qui l'avait tirée d'Espagne. Le coq est un magnifique oiseau, remarquable par son plumage du plus beau noir sur lequel tranchent deux larges taches blanches de chaque côté de la tête. Sa crête, dont le bord offre de profondes découpures, est simple, lisse et d'une grandeur démesurée. Ses barbillons bien divisés sont courts et arrondis. La poule espagnole couve mal, mais donne en abondance de très-gros œufs. Cette race est sobre, mais elle redoute les grands froids à cause de son énorme crête qui gèle facilement.

11. RACE DE LA CAMPINE.

Cette race Hollandaise est de moyenne taille, elle se reconnait au premier abord et à sa crête double triangulaire hérissée de petites pointes tuberculeuses. Son plumage est blanc ou doré, suivant la variété, et couvert de lignes noires très-fines.

La volaille de Campine est une excellente pondeuse, mais une mauvaise couveuse.

Les variétés que possède le Jardin sont :

a. La variété argentée ; b. La variété dorée ; c. La variété à crête simple.

Cette dernière est plus volumineuse que les autres ; la forme de sa crête et l'ensemble de ses formes lui donnent beaucoup d'analogie avec les volailles de Bresse.

12. RACE DE HAMBOURG.

La taille, les formes, la crête de cette espèce rappellent beaucoup la race précédente. Seulement sa coloration est très-différente ; en effet, elle est comme couverte de larges macules noires qui ressortent sur le blanc du plumage, et font de cette poule un véritable oiseau d'ornement.

13. RACE A TÊTE DE CORNEILLE ou DE BRÉDA.

La poule de Bréda, d'une forme parfaite et d'une allure vive et légère, appartient à la Hollande. Le coq n'a pas de crête, mais seulement un renflement du bord supérieur des narines. Sa tête porte de larges barbillons pendants, et est couverte de plumes fines et dressées qui forment un épi. Ses pattes sont garnies (chaussées) de plumes courtes et appliquées sur les écailles des tarses.

Cette race très-bonne pondeuse, ne couve pas. Elle s'engraisse bien et sa chair est fort délicate.

Les variétés que possède le Jardin sont :

a. La variété noire ; b. La variété blanche ;
c. — bleue ; d. — coucou.

Cette dernière est plus connue sous le nom de *poule de Gueldres.*

14. RACE DE BRUGES ou RACE DE COMBAT DU NORD.

La plus grande et la plus forte de l'Europe, cette race a les caractères des espèces dites de combat. La tête porte une crête petite, d'une forme mal arrêtée, tombant de côté, noire dans la jeunesse et ne prenant le rouge qu'à l'âge adulte, tout en conservant des teintes noires. Les barbillons et les oreillons sont très-volumineux. Cet oiseau, élevé pour les combats de coqs, n'est pas un animal de basse-cour ; son caractère querelleur et l'infériorité de sa chair doivent l'en faire bannir.

La poule est une des meilleures couveuses que l'on connaisse.

Le plumage du coq de Bruges est d'un gris ardoisé, relevé de rouge sur le camail et les ailes. La poule est entièrement grise.

15. RACE DE YO-KO-HAMA.

Don de M. le père Girard.

La race de Yo-Ko-Hama (Japon) est remarquable par la conformation de sa queue ; les plumes, en effet, prennent sur cette partie du corps un tel développement qu'elles traînent à terre, formant ainsi un panache élégant. La variété que possède le Jardin est blanche, avec du rouge sur les ailes ; mais il paraît qu'au Japon on rencontre de semblables volailles de toutes couleurs.

La conformation de ces oiseaux se rapproche beaucoup de celle des variétés suivantes.

16. RACE DE LA RÉUNION ou MALAISE.

Cette espèce, l'une des plus grandes, et race de combat par excellence, paraît originaire des Philippines. Le coq a la tête fine, le bec fort et recourbé, la crête simple, en fraise aplatie et allongée, les barbillons rouges et les oreillons blancs; il porte aux pattes des éperons pointus et durs comme l'acier, qui le rendent redoutable, même aux oiseaux de proie, qui n'osent l'attaquer. La poule est bonne pondeuse et couve bien, mais sa chair est inférieure à celle de nos volailles domestiques.

Le plumage de cette variété est d'un fauve roux.

17. RACE DE RUSSIE.

Envoi de la Société d'acclimatation de Moscou.

Le coq et les poules russes qui se trouvent au Jardin présentent la plus grande analogie avec la race précédente, mais exagèrent encore ses caractères. Le bec est tout-à-fait court, le coq et les poules atteignent une taille énorme ; les œufs très-gros peuvent peser jusqu'à 80 grammes, tandis que ceux de nos volailles de race française ne dépassent guère le poids de 65 gr.

18. RACE DU GANGE.

De même forme et presque de même taille que les variétés précédentes, la race du Gange se reconnait à son plumage blanc de neige.

19. RACE DE NANKIN DITE COCHINCHINOISE.

La poule de Nankin, connue jusqu'ici sous le nom impropre de *Poule de Cochinchine*, se trouve dans les parties chaudes du centre de la Chine. Importée en Angleterre en 1844, elle a été introduite en France en 1846, par M. l'amiral Cécile, qui en envoya au Muséum d'histoire naturelle, plusieurs individus achetés par lui-même aux environs de Chang-Haï. C'est de là que proviennent presque tous ceux qui existent aujourd'hui en France.

L'apparence extérieure fait distinguer au premier coup-d'œil cette race de toutes les autres ; car le coq ne porte pas de faucilles à la queue, et la poule n'a sur le croupion que des plumes assez courtes. Les pattes et les cuisses sont garnies de longues plumes très-abondantes. La crête est simple, droite et dentelée.

La poule de Nankin pond assez bien, ses œufs sont teintés de rose ; elle couve admirablement bien ; à peine ses poussins sont-ils assez forts pour se passer d'elle, que sa ponte recommence et qu'elle se hâte de commencer une nouvelle couvée.

Les variétés que possède le Jardin sont :

a. La variété fauve ; b. La variété blanche ;
c. — noire ; d. — coucou.

La variété fauve est la seule qui se trouve en Chine, les autres ont été obtenues depuis quelques années en France ou en Angleterre.

20. RACE DE BRAHMA-POOTRA.

Originaire du royaume d'Assam, elle a été importée d'abord en Angleterre, puis introduite en France vers 1850.

La poule de Brahma-Pootra ressemble beaucoup à celle de Nankin dite de Cochinchine, par son ensemble extérieur et par la disposition de son plumage. Sa tête est garnie d'une crête simple et dentelée, de grandeur moyenne.

Cette espèce, comme presque toutes celles des mêmes contrées, est une excellente pondeuse, elle couve peut-être un peu moins bien que la poule de Nankin. Ses œufs sont d'une grosseur moyenne et d'une couleur rosée. Sa chair, moins délicate que celle de nos volailles ordinaires, est bonne cependant.

Le Jardin possède :

a. La variété ordinaire ; b. La variété inverse ;
c. La variété bleue.

Les volailles de Brahma qui se trouvent dans l'Inde sont blanches avec le camail piqueté de noir et les plumes de la queue noires.

Cette coloration est aussi celle de la variété ordinaire.

21. RACE DE PADOUE.

Cette race est l'espèce huppée par excellence ; mais ce qui fait son principal ornement la rend impropre à la vie de basse-cour ; car cette huppe, si belle par le beau temps, devient, par la pluie, un masque impénétrable qui enveloppe la tête de l'animal et l'aveugle. Elle n'a presque pas de crête et seulement de légers vestiges de barbillons et d'oreillons.

C'est une des plus fortes parmi les poules d'agrément. Sa chair est délicate, sa ponte assez remarquable, mais elle ne couve pas.

Le Jardin possède :

a. La variété dorée ; b. La variété chamoise ;
c. — argentée ; d. — coucou ;
e. La variété blanche.

22. RACE DE PADOUE HOLLANDAISE.

Cette race est une des plus élégantes et des plus belles que l'on puisse nourrir en volière. Elle nous vient de Hollande où elle est cultivée avec plus de succès que partout ailleurs.

Sa huppe énorme, d'un blanc de neige, ressort sur le reste du plumage tantôt gris bleu, tantôt noir, suivant la variété.

Le Jardin possède :

a. La variété noire ; b. La variété bleue.

23. RACE DE WALLIKIKI. (Gallus ecaudatus).

Don de S. Exc. Vefik Pacha Effendi.

Sans queue, très-pattue, à cinq doigts, la tête ornée d'une huppe de plumes droites, l'air fier et hardi, cette race Turque ou Persane est sans contredit une des plus bizarres que l'on puisse posséder.

Les poules de Wallikiki sont bonnes pondeuses, leur chair est bonne, mais elles sont surtout curieuses.

Le Jardin possède :

a. La variété noire ; b. La variété blanche ; c. La variété bleue.

24. RACE NÈGRE. (Gallus morio).

Cette race naine est originaire de l'Inde, et remarquable par la couleur noire de sa peau, qui tranche avec la blancheur de son plumage un peu hérissé, comme crépu, et d'une finesse extrême. Elle porte une demi-huppe un peu en arrière ; sa crête double, frisée, d'un rouge presque noir, fait contraste avec ses oreillons d'un bleu verdâtre et nacré ; sa patte a cinq doigts. La poule négresse est la meilleure de toutes les couveuses, elle n'a d'égale que les produits qu'elle donne avec d'autres races.

25. RACE DE SOIE.

La poule de soie est aussi, croyons-nous, originaire de l'Inde. Elle a beaucoup d'analogie avec la poule négresse pour la forme, le plumage et les aptitudes ; mais ses chairs sont blanches et la crête rouge.

26. RACE DE BENTAM. (Gallus banticus).

Remarquable par la beauté de son plumage, régulièrement maillé, autant que par la grâce de ses formes, la race de Bentam nous est venue d'Angleterre il y a une vingtaine d'années, on la croit originaire de l'Inde.

Le coq ne porte pas à la queue ces longues plumes recourbées qu'on nomme faucilles, sa crête est double et hérissée, légèrement aplatie et pointue en arrière.

Cette variété d'ornement pond et couve bien.

Le Jardin possède :

a. La variété dorée ; b. La variété citronnée ;

La variété argentée existait encore il y a quelques années, il semble qu'elle soit perdue maintenant.

27. RACE COUCOU D'ANVERS.

Cette race a été, dit M. Jacque, récemment *fabriquée* en Hollande. Elle est assez bonne pondeuse, mais médiocre couveuse. C'est un oiseau de volière.

Son plumage est gris ou coucou, comme l'indique son nom, sa crête est double, on pourrait à bon droit l'appeler Bentam coucou.

28. RACE DITE DE JAVA.

De très-petite taille, d'un beau plumage noir, portant une crête double, les joues très-emplumées (jouflue), la queue bien fournie de plumes, cette variété naine est entre toutes ornementale.

On a fait une variété *blanche* de cette race.

29. RACE DE NANGASAKI.

Don de M. le père Girard.

Originaire du Japon, de très-petite taille, cette curieuse race a été importée il y a trois ou quatre ans et multipliée en Belgique. Le Jardin en a également reçu, grâce au père Girard.

Le coq de Nangasaki est remarquable par la brièveté extrême de ses pattes, ses ailes un peu trainantes touchent le sol ; sa queue démesurément développée, se tient droite et vient toucher sa tête.

Le plumage de cette jolie espèce est blanc avec les plumes de la queue noires.

PERDRIX BRUNE. (PTILOPACHUS FUSCUS).

Anglais: *The Buff-breasted Partridge.*

Cette espèce de la grosseur d'une caille, est originaire de l'Afrique occidentale et très-remarquable par le développement de sa queue qui lui donne tout l'aspect d'une petite poule. Son plumage est brunâtre maculé de blanc sur la poitrine.

FRANCOLIN A COLLIER ROUX.

(FRANCOLINUS VULGARIS).

Don de M. X., missionnaire.

Le francolin vulgaire se trouve sur tout le littoral méditerranéen, aussi bien dans le midi de la France que sur les côtes de Syrie. Il est de la taille d'une perdrix ordinaire. Son cou et son ventre sont noirs avec des taches rondes et blanches. Le collier est d'un roux vif, il est noirâtre en dessus, ses pieds sont rouges.

FRANCOLIN CRIARD. (FRANCOLINUS CLAMOSUS).

Allemand : *Der Schreifrancolin.* — Anglais: *The cape Francolin.* — Espagnol: *El Francolino griton.* — Italien : *Il Francolino gritadore.*

Don de M. Haussman, Consul de France.

Cet oiseau se trouve aux environs du Cap de Bonne-Espérance. Il vit par couples dans les lieux humides et retirés, vole peu, mais court avec une grande rapidité.

La chair du francolin est des plus délicates. Son plumage est gris, ses pieds rouges ; il fait entendre un cri sonore.

FRANCOLIN D'ADANSON.

(Francolinus bicalcaratus).

Le francolin d'Adanson, dont le plumage est gris, mais orné sur la poitrine de taches rousses, reproduit très-bien en captivité. Les individus que possède le Jardin ont été élevés à Paris, par M. Léon Simon.

L'introduction de ce gibier très-rustique pourrait réussir en France.

FRANCOLIN A GORGE NUE.

(Francolinus nudicollis).

Cette espèce originaire des parties méridionales de l'Afrique est d'un gris clair, flammé de blanc sur la poitrine. Il a la gorge et le tour des yeux nus et rouges, les pieds sont également rouges.

PERDRIX GRISE. (Perdix cinerea).

Allemand : *Das Rebhuhn.* — Anglais : *The Partridge.* — Espagnol : *La Perdiz.* — Italien : *La Pernice.*

Cet oiseau est propre aux régions tempérées de l'Europe.

PERDRIX ROUGE. (Perdix rubra).

Allemand : *Das rothe Rebhuhn.* — Anglais : *The red Partridge.* — Espagnol : *La Perdiz roja.* — Italien : *La Pernice rubra.*

Cette espèce vit dans le régions tempérées de l'Europe, de l'Asie et de l'Afrique ; en France, on ne la trouve guère que dans les localités montagneuses.

PERDRIX BARTAVELLE. (Perdix saxatilis).

Allemand : *Das Steinhuhn.* — Anglais : *The Stone Partridge.* — Espagnol : *La Perdiz de los pedregales.* — Italien : *La Pernice sassatile.*

La bartavelle diffère principalement de la perdrix

rouge par l'absence des taches noires et blanches qui entourent le col de cette dernière. Commune en Asie-Mineure et dans le Tyrol, elle se trouve aussi en Espagne et en France, principalement dans les pays montagneux.

Elle habite de préférence les lieux élevés, arides et semés de rochers, mais descend dans les plaines pour y nicher.

PERDRIX GAMBRA. (PERDIX PETROSA).

Allemand : *Das Felsenhuhn.* — Anglais: *The Rufous-breasted Partridge.* — Espagnol: *La Perdiz de Gambra.* — Italien : *La Pernice di Gambra.*

La perdrix gambra appelée aussi *perdrix de roche,* tient le milieu entre la perdrix rouge et la bartavelle, elle est propre aux parties méridionales de l'Europe, et abonde en Afrique, depuis les côtes de la Méditerranée jusqu'au Sénégal.

Elle vit en compagnies nombreuses dans les lieux élevés et ne descend que rarement dans les plaines.

Il y a quelques années, M. le baron de Lage, officier de la vénerie impériale, fit venir d'Algérie quelques perdrix gambra pour en essayer l'acclimatation. Cette tentative réussit.

L'expérience répétée, en 1858, à la faisanderie de Saint-Germain, eut un tel succès que, dès cette première année, les perdrix gambra figurèrent pour un quart environ dans le nombre de celles qui furent tuées dans les chasses impériales.

PERDRIX OUA-KI-KI. (GALLO-PERDIX SPHENURA).

Don de S. M. l'Empereur.

Cette espèce un peu plus petite que notre perdrix grise, est propre au Nord de la Chine d'où elle a été apportée pour la première fois en Europe, par M. de Montigny, qui en fit hommage à S. M. l'Empereur. Cet oiseau s'est parfaitement reproduit dans la volière de Saint-Cloud, et les individus que possède le Jardin proviennent de cette éducation.

CAILLE COMMUNE. (COTURNIX DACTYLISONANS).

Allemand : *Das gemeine Wachtel.* — Anglais : *The common Quail.* — Espagnol : *La Codorniz.* — Italien : *La Quaglia.*

Cette espèce, connue de tous et si recherchée pour la délicatesse de sa chair, est un oiseau de passage qui abonde en France pendant la belle saison et qui la quitte l'hiver pour les climats plus chauds de l'Afrique et de l'Asie.

CAILLE D'AUSTRALIE.

(COTURNIX (SYNŒCUS) AUSTRALIS).

Allemand : *Das Australische Wacktel.* — Anglais : *The Australian Quail.* — Espagnol : *La Codorniz de Australia.* — Italien : *La Quaglia d'Australia.*

Don de M. Mueller.

Plus petite que la précédente, dont elle diffère d'ailleurs par son plumage plus sombre et à flammes moins grandes, elle est propre à l'Australie.

CAILLE DE PONDICHÉRY.

(COTURNIX TEXTILIS).

Don de M. Fournier.

Cette espèce, un peu plus petite que les précédentes, s'en distingue principalement par une tache blanche triangulaire qu'elle a sous la gorge et par ses sourcils blancs, se trouve dans tout le continent Indien et principalement sur la côte de Coromandel.

COLIN HOUI. (Ortyx virginianus).

Allemand : *Das virginische Wachtel.* — Anglais : *The Virginian Colin.* — Espagnol : *La Perdiz de Virginia.* — Italien : *La Pernice di Virginia.*

Cet oiseau, propre à l'Amérique septentrionale, se trouve depuis le Mexique jusqu'au Canada inclusivement, et abonde surtout dans le Sud et le centre des États-Unis.

Il habite de préférence les buissons et les haies vives, et ne fréquente guère les terres cultivées qu'après la récolte.

Le plumage du colin houi est rougeâtre, sa gorge est blanche et bordée de noire, la femelle presque semblable a la gorge rousse.

Le colin houi se nourrit de toutes sortes de graines et de baies. D'un naturel peu farouche, il s'apprivoise très-facilement et ne craint ni la grande chaleur, ni le froid, même rigoureux.

Cet oiseau reproduit très-facilement.

COLIN DE CUBA. (Ortyx cubanensis).

Anglais : *The Cuban Colin.*

Très-semblable au précédent, le colin cubanais se reconnait à la coloration noire de sa poitrine ; sa taille est aussi un peu moindre que celle du colin de Virginie.

COLIN DE CALIFORNIE.

(Ortyx (callipepla) californicus).

Allemand : *Der Kalifornische Wachtel.* — Anglais : *The californian Quail.* — Espagnol : *La Perdiz de California.* — Italien : *La Pernice di California.*

Cette espèce se distingue de la précédente par l'élégante petite huppe noire, composée de plumes légères et recourbées en avant, qui orne sa tête. Elle est propre à la Californie.

Cet oiseau, découvert par La Pérouse, a été introduit en France en 1852, par M. Deschamps, où depuis il s'est parfaitement reproduit presque partout, au point de devenir assez commun. Les petits s'élèvent sans difficulté, et tout porte à espérer que le colin, dont la chair ne le cède pas à celle de la caille, deviendra, avant peu, un gibier français.

Les succès obtenus dans ces derniers temps par M. Hennecart dans l'éducation des colins en liberté rendent cet espoir de plus en plus fondé.

COLIN A PLUMES LANCÉOLIN.

(ORTYX (CALLIPEPLA) PLUMIFERA).

Cet oiseau, dont l'introduction en France est due à M. Leroux qui en ramena cinq couples en 1863, ressemble assez au colin de Californie ; seulement sa taille est plus considérable, ses flancs sont maillés, comme ceux de la perdrix rouge et sa huppe est formée de plusieurs plumes très-longues et très-déliées.

Le mâle et la femelle sont presque semblables dans cette espèce.

COLIN ZONÉCOLIN.

(ORTYX (EUPSYCHORTYX) CRISTATUS).

Cette espèce, plus petite que les précédentes, porte une petite huppe composée de plusieurs plumes courtes et étroites, analogues à celles de l'alouette.

Ses couleurs sont jaunâtres relevées de tons d'un jaune plus vif. Elle est originaire du Mexique.

ROULOUL COURONNÉ. (CRYPTONYX CORONATA).

Don de M. Vandal, directeur général des Postes.

Les roulouls que possède le Jardin sont les premiers qui soient venus vivants en Europe.

Cette espèce porte sur le front six plumes ébarbées noires ; l'occiput est orné d'une huppe aplatie d'un rouge mordoré. Le plumage est vert sombre au dos, au croupion, à la queue, et violet foncé sur la poitrine et le ventre. Les joues et le cou sont noirs.

Ce bel oiseau habite les forêts des îles de la Sonde et de la Malaisie.

TÉTRAS HUPPECOL. (TETRAO CUPIDO).

Anglais : *The Prairie Grous.*

Don de M. A. Servant.

Cette espèce, autrefois très-commune dans les parties centrales et sur les côtes des États-Unis, en a presque complètement disparu, et ne se trouve plus guère que dans les prairies du Texas et sur les bords du Missouri.

Cet oiseau perche sur les arbres et sur les buissons.

Les individus que possède le Jardin, placés dans un parc garni de hautes herbes, ont pondu un grand nombre d'œufs qui, couvés par des poules, ont donné des jeunes.

L'introduction de ce gibier très-fin, très-délicat et à chair blanche, est très-désirable.

GANGA CATA. (PTEROCLES SETARIUS).

Allemand: *Das Flughühn oder Ganga Katta.* — Anglais : *The Pintailed Grous.* — Espagnol : *La Ortega cata.* — Italien : *La Pterocle alcata.*

Le ganga cata, qui paraît être l'*Attagen* des anciens, se trouve communément dans les régions méridionales de l'Europe. En France, on ne le voit que dans le midi et dans la plaine de la Crau.

Cet oiseau, d'un naturel extrêmement défiant, vit en troupes nombreuses. Son vol est puissant, rapide et très-élevé.

Sa chair, du moins celle des vieux individus, est noire, dure et peu recherchée ; celle des jeunes, au contraire, est très-délicate.

GANGA UNIBANDE. (PTEROCLES ARENARIUS).

Cette espèce, plus grosse que la précédente, est originaire de l'Algérie. Elle a pondu au Jardin.

TINAMOU ISABELLE. (RYNCHOTES RUFESCENS).

Le tinamou comme tous ses congénères est désigné dans l'Amérique du Sud sous le nom de perdrix. La rynchote isabelle habite la république de l'Uruguay et le Brésil, sa chair est de bonne qualité, son volume égale celui d'une petite poule.

Il serait intéressant de faire reproduire et de multiplier cette espèce ; les tentatives couronnées de succès faites il y a quelques années par M. Coëffier, permettent de penser que cet oiseau se reproduirait bien en captivité.

TINAMOU TATAUPA. (CRYPTURUS TATAUPA).

Don de M. le comte de Bréda.

Le tataupa est à peine plus gros qu'une caille, son dos est noir, sa gorge et sa poitrine blancs maculés de noir.

Cette espèce brésilienne n'a été rapportée vivante que très-rarement ; on ne peut donc savoir encore si elle pourra reproduire aisément.

V. — ÉCHASSIERS.

GRANDE OUTARDE. (OTIS TARDA).

Allemand : *Der grosse Trappe.* — Anglais : *The great Bustard.* — Espagnol : *La Avutarda.* — Italien : *La Ottarda maggiore.*

Don de S. M. l'Empereur et S. A. I. l'Archiduc Ferdinand-Maximilien d'Autriche.

L'outarde mentionnée par Pline sous le nom d'*Avis tarda*, d'où, par corruption, s'est formé son nom français, est le plus grand des oiseaux coureurs de l'Europe. On la trouve communément en Hongrie et surtout en Crimée. Autrefois assez commune en Angleterre et en France, elle y est devenue rare.

Cet oiseau vit en troupes peu nombreuses dans les plaines sablonneuses et un peu élevées. Essentiellement disposé pour la marche, il a le vol pesant et bas. Lorsqu'il est tranquille, sa marche est grave et posée; mais s'il est poursuivi, son allure devient extrêmement rapide. Il se nourrit d'herbes, de graines diverses, de vers et d'insectes.

On a souvent pensé à domestiquer l'outarde, la qualité de la chair de cet oiseau, sa grande taille rendent le succès de cette entreprise désirable. Mais jusqu'ici M. Acthaumer d'Arco (Tyrol), a seul réussi à la faire reproduire en captivité.

OUTARDE CANE-PÉTIÈRE. (Otis tetrax).

Allemand: *Der kleine Trappe.* — Anglais: *The little Bustard.* — Espagnol: *La Avutarda pequena.* — Italien: *La Ottarda minore.*

Cet oiseau, un peu plus gros que le faisan, est assez abondant en Europe. On le rencontre assez souvent dans le centre de la France, mais surtout en Sardaigne et en Grèce.

La cane-pétière, aussi nommée *Poule des prés,* se tient habituellement dans les champs et dans les luzernes. Elle se nourrit de graines et d'insectes. Son vol est bas et peu soutenu, sa course très-rapide; sa chair noire est un mets recherché.

VANNEAU COMMUN. (Vanellus cristatus).

Allemand: *Der Kiebitz.* — Anglais: *The Lapwing Sandpiper.* — Espagnol: *El Vanelo* — Italien: *Il Vanello crestato.*

Le vanneau se fait remarquer par les beaux reflets verts cuivrés de son plumage et par l'aigrette de plumes longues et effilées d'un noir brillant, qui se balance sur sa tête. Essentiellement voyageur, il arrive en France au printemps, par grandes troupes, des régions septentrionales de l'Europe et la quitte vers le mois d'octobre.

Sa chair est bonne et ses œufs sont un manger des plus délicats.

VANNEAU ARMÉ. (VANELLUS GAYANENSIS).

Don de M. A. Favier.

Cet oiseau, très-semblable au vanneau commun, s'en distingue par la coloration noire de son front et par l'éperon acéré qu'il porte aux ailes. Il habite l'Amérique, et comme son congénère européen, voyage suivant les saisons.

HUITRIER VULGAIRE. (HÆMATOPUS OSTRALEGUS).

Allemand : *Der Austerfischer.* — Anglais : *The pied Oystercatcher.* — Espagnol : *El Ostrero.* — Italien : *L'Ematopo comune.*

Cet oiseau, qui porte le nom de *Pie de mer* à cause des couleurs noire et blanche de son plumage, est propre au nord de l'Europe. Il vit en troupes sur les bords de la mer et se nourrit d'huîtres et d'autres coquillages.

L'huîtrier dont la chair est mauvaise, peut être laché avec avantage dans les jardins potagers ; il y détruit en effet quantité d'insectes et de colimaçons.

AGAMI. (PSOPHIA).

Ces oiseaux, propres à l'Amérique méridionale et particulièrement à la Guyane, au Brésil et à la Colombie, vivent en troupes de quinze à trente individus, dans les parties élevées des grandes forêts. Ordinairement ils marchent gravement et à pas comptés, mais parfois ils sautent en tournant sur eux-mêmes comme les cigognes, et, comme elles aussi, se tiennent sur une seule patte. Ils se nourrissent de baies, de graines, de vers et d'insectes. La femelle creuse son nid dans la terre au pied d'un arbre et y dépose de dix à quinze œufs presque sphériques et d'un vert clair.

L'agami s'apprivoise avec la plus grande facilité, et s'attache à son maître, dont il recherche les caresses et se montre très-jaloux. Élevé en domesticité, il déploie une intelligence des plus remarquables ; il s'établit en quelque sorte l'arbitre des habitants de la basse-cour ; protégeant les faibles contre les forts, et les défendant avec un courage réellement admirable contre des ennemis beaucoup plus forts que lui ; en un mot, il est pour les volailles ce qu'est le chien pour les troupeaux. Les observations faites au Jardin ne laissent aucun doute sur les qualités réellement extraordinaires de cet oiseau.

AGAMI. (PSOPHIA CREPITANS).

Allemand : *Der Trompetenvogel.* — Anglais : *The Gold breasted Trompeter* or *Agami.* — Espagnol : *El Trompetero ó Agami.* — Italien : *L'Ucello trombetta.*

Don de M. Bataille.

Cette espèce est celle qui est le plus souvent ramenée en Europe ; sa taille égale celle d'une poule ordinaire, son plumage est noir, son dos gris, son cou est orné de plumes de couleurs sombres à reflets bleus et verts, ses pattes sont de couleur verdâtre.

L'agami ordinaire se trouve dans les Guyanes et les parties septentrionales du Brésil.

AGAMI A AILES BLANCHES.

(PSOPHIA LEUCOPTERA).

Don de M. le comte de Lémont.

Cette espèce brésilienne est de la même taille que la précédente ; sa coloration très-semblable à celle de l'agami ordinaire, en diffère par la couleur des plumes des ailes qui sont d'un blanc pur.

AGAMI VERT. (PSOPHIA VIRIDIS).

Don de M. le vicomte de Lémont.

De même taille que les précédents, l'agami vert se reconnait au premier coup-d'œil à la coloration de ses ailes et de son dos qui sont verdâtres chez les jeunes et les femelles, et d'un vert clair et vif chez les mâles adultes.

Cette espèce habite le Brésil.

GRUE COURONNÉE. (GRUS PAVONINA).

Allemand: *Der Kronenkranich.* — Anglais: *The Balearic crowned Crane.* — Espagnol: *La Garza coronada.* — Italien: *La Gru coronata.*

La grue couronnée, nommée aussi l'*Oiseau royal*, à cause du bouquet de plumes raides, d'un jaune d'or qu'elle porte sur la tête, habite les parties chaudes de l'Afrique et particulièrement le Sénégal.

Cet oiseau vit habituellement dans les lieux inondés où il se nourrit de petits poissons, de vers et d'insectes. Son vol est très-élevé, puissant et soutenu, et sa démarche habituelle lente et grave, mais il se livre parfois, comme la plupart des grues d'ailleurs, à des danses folles.

D'un caractère doux et paisible, la grue couronnée paraît se plaire dans la société de l'homme. Cet oiseau l'un des plus ornementaux qu'un parc puisse contenir, est assez frileux, il ne s'est jamais reproduit en Europe jusqu'ici.

GRUE DE NUMIDIE. (GRUS VIRGO).

Allemand: *Der Iungfernkranich.* — Anglais: *The demoiselle Crane.* — Espagnol: *La Cigüeña de Numidia.* — Italien: *La Gallina de Faraone.*

Cet oiseau, propre à l'ancien continent, se trouve en Afrique et surtout dans l'ancienne Numidie et en Asie, dans les environs de la mer Caspienne. Il vit habituellement dans les lieux marécageux et sa nourriture consiste en insectes, vers, coquillages, poissons et reptiles de petite taille.

La femelle place son nid sur de petites buttes de terre ou de gazon, dans les roseaux des marécages et y dépose deux œufs.

Les anciens appelaient cet oiseau le *Comédien* à cause des danses auxquelles il se livre souvent. Son nom vulgaire de *Demoiselle de Numidie* lui vient de son élégance, de sa marche cadencée, et de la manière dont il s'incline comme pour faire la révérence. D'un caractère gai et peu farouche, il s'apprivoise très-aisément et se reproduit quelquefois en captivité. C'est un charmant ornement pour nos parcs.

GRUE CENDRÉE. (Grus cinerea).

Allemand : *Der Kranich.* — Anglais : *The common Crane.* — Espagnol : *La Garza.* — Italien : *La Gru.*

Cette espèce, originaire des contrées septentrionales de l'Europe qu'elle quitte l'hiver pour les régions plus tempérées du centre et du midi, vient s'abattre en bandes dans les plaines marécageuses. Son vol est très-élevé, et les bandes, en volant, forment un triangle.

C'est sur de petites buttes de gazon que la grue fait son nid avec des joncs entrelacés. La ponte n'est que de deux œufs d'un cendré verdâtre que le mâle couve avec la femelle. Cet oiseau, pris jeune, s'apprivoise aisément et devient très-familier.

La chair de la grue était regardée par les anciens comme un mets très-recherché ; celle des jeunes est, dit-on, très-bonne, mais celle des vieux est noire et coriace.

GRUE D'AUSTRALIE. (GRUS AUSTRALASIANA).

Allemand: *Der australische Kranich.* — Anglais: *The australian Crane.* — Espagnol: *La Garza australiana.* — Italien: *La Gru d'Australia.*

Don de M. Mueller.

Cette belle espèce est propre à l'Australie et à la Nouvelle-Galles du Sud, où on la nomme *Native companion* à cause de la facilité avec laquelle elle se laisse apprivoiser et de la tendance qu'elle montre à vivre dans la société de l'homme. Son plumage est gris cendré comme celui des deux espèces précédentes, mais sa tête est nue, son cou est déplumé dans les parties supérieures, et coloré en rouge.

GRUE ANTIGONE. (GRUS TORQUATA).

Don de S. M. l'Empereur et de M. l'amiral La Grandière.

Cette remarquable espèce ressemble beaucoup à la précédente, son plumage est de même couleur, mais cette espèce se distingue par la longueur de ses membres et par la légèreté de son corps. Le cou de cette grue est plus déplumé que celui de la grue d'Australie, et la belle coloration rouge des parties nues forme un brillant collier.

La grue antigone est asiatique, on la rencontre abondamment dans l'Indo-Chine; celles que possède le Jardin viennent, l'une de Siam, l'autre de Cochinchine.

HÉRON COMMUN. (ARDEA MAJOR).

Allemand: *Der aschgraue Reiher* — Anglais: *The common Heron.* — Espagnol: *La Garza real.* — Italien: *L'Aghirone cenericcio.*

Cet oiseau est répandu dans presque toutes les parties du globe et est assez commun en France. Sa chasse, qui se faisait avec le faucon, a été très-longtemps en vogue chez nos ancêtres. Sa chair, sèche et dure, était cependant réputée viande royale et servie dans les repas d'apparat.

HÉRON GARDE-BŒUF. (ARDEA BUBULCUS).

De petite taille, d'un blanc éclatant, ce joli héron africain est un des échassiers les plus beaux qu'on puisse tenir en volière.

Il est originaire d'Algérie.

BIHOREAU. (ARDEA NYCTICORAX).

Cet oiseau est très-répandu en Europe, il est grand destructeur de souris et chasse beaucoup la nuit. Il porte sur la nuque deux longues plumes blanches effilées, qui retombent sur son dos couleur d'ardoise.

CIGOGNE BLANCHE. (CICONIA ALBA).

Allemand : *Der weisse Storch.* — Anglais : *The white Stork.* — Espagnol : *La Cigüeña blanca.* — Italien : *La Cicogna bianca.*

Partout oiseau de passage, non pour éviter le froid qu'elle supporte très-bien, mais pour se procurer toujours une nourriture abondante, la cigogne blanche vit l'hiver en Afrique et surtout en Egypte, et au printemps elle revient en Europe, où elle abonde dans les parties septentrionales. En France, elle fréquente plus volontiers l'Alsace et les provinces du Nord.

Cet oiseau évite les lieux déserts et arides, et affectionne les villes et villages sur les cheminées et les toits desquels il aime à nicher.

D'un naturel doux et confiant, la cigogne s'apprivoise avec la plus grande facilité. Protégée dès les temps les plus reculés, il a été longtemps défendu de la tuer, et aujourd'hui encore on cherche à l'attirer. En effet, cet oiseau rend de grands services en détruisant une foule de reptiles et d'animaux nuisibles.

CIGOGNE MAGUARI. (CICONIA AMERICANA).

Don du comité d'acclimatation à Cayenne (Guyane).

Cette espèce est très-semblable à la cigogne ordinaire, elle s'en distingue par une taille plus élevée, et les reflets verts métalliques des plumes noires de ses ailes.

L'œil d'un jaune d'or se trouve placé au centre d'une partie déplumée de couleur orangée.

La cigogne maguari se trouve dans l'Amérique du Sud, et particulièrement dans les Guyanes et le Brésil.

CIGOGNE NOIRE. (CICONIA NIGRA).

Allemand: *Der schwartze Storch.* — Anglais: *The black Stork.* — Espagnol: *La Cigüeña negra.* — Italien: *La Cigogna nera.*

La cigogne noire est aussi farouche que la cigogne blanche est confiante, elle se trouve en Suisse et en Allemagne, elle hiverne en Egypte. Elle vit solitaire dans les marais écartés et sur le bord des lacs. Elle fait son nid sur les grands arbres, au bord des eaux et pond deux ou trois œufs d'un blanc sale sans tache.

La cigogne noire adulte est un des plus beaux oiseaux qu'on puisse voir. Son ventre est blanc, son dos et ses ailes d'un noir à reflets métalliques, ses pattes et son bec d'un rouge de sang très-vif.

CIGOGNE VIOLETTE. (CICONIA LEUCOCEPHALA).

Cette espèce indienne porte sur la tête une calotte noire, son cou, son ventre sont blancs, son dos noir à reflets métalliques, sa queue longue.

MARABOUT. (CICONIA CRUMENIFERA).

Allemand: *Der Beutelstorch.* — Anglais: *The Marabou Stork.* — Espagnol: *La Cigüeña Marabú.*

Le marabout, qu'on nomme encore *Cigogne à sac,* habite la côte occidentale d'Afrique et principalement le Sénégal, où il vit en troupes nombreuses. Cet oiseau se nourrit de coquillages et de poissons, il détruit aussi beaucoup de serpents et d'animaux nuisibles.

Le marabout, d'un caractère très-timide, s'apprivoise avec la plus grande facilité. Dans quelques-uns des pays qu'il habite, on l'a réduit à une sorte de domesticité, pour se procurer facilement et sans être obligé de le tuer, certaines plumes connues sous le nom de *Marabouts,* à barbes fines et frisées, et d'un blanc de neige qu'il porte sous la queue et sont l'objet d'un commerce considérable.

TANTALE A FESTONS ROSES. (TANTALUS IBIS).

Plus étrange que joli, cet oiseau à gros et long bec, est, lorsqu'il est adulte, d'un blanc de neige, avec des tons rosés qui colorent les couvertures de ses ailes. Le tour de son bec est nu, il semble qu'il porte un masque de couleur orangée.

Le tantale est originaire du Sénégal.

SPATULE BLANCHE. (PLATALEA LEUCORODIA).

Allemand : *Der weisse Löffler.* — Anglais : *The white Spoonbill.* — Espagnol : *La Espatula.* — Italien : *La Platalea mestolone.*

La spatule, ainsi nommée de la forme toute particulière de son bec aplati et élargi par le bout, est un oiseau de passage qui se trouve dans presque toutes les contrées de l'ancien monde. Elle se tient dans les marécages ombragés par d'épais bosquets. Sa nourriture consiste en frai de poisson, en insectes et en petits reptiles.

La femelle fait deux ou trois œufs blancs marqués de petites taches roussâtres.

Cet oiseau s'apprivoise facilement et peut orner le bord des pièces d'eau.

IBIS SACRÉ. (IBIS RELIGIOSA).

Allemand : *Der gemeine Ibis.* — Anglais : *The sacred Ibis.* — Espagnol : *El Ibis sagrado.* — Italien : *L'Ibis bianca.*

L'ibis sacré, ainsi nommé parce que les anciens Egyptiens lui rendaient une sorte de culte, est un oiseau migrateur, qui habite la Nubie et l'Éthiopie.

Il vit par petites troupes de huit à dix individus chassant les vers, les insectes et les reptiles. Le plumage de cet oiseau est blanc, les plumes de ses ailes très-déliées à leur extrémité forment sur le dos de l'animal une sorte de panache élégant. Sa tête et son cou sont nus et de couleur noire.

L'ibis sacré s'apprivoise très-facilement et reproduit même en captivité.

IBIS DE MACÉ. (IBIS MACEI).

Don de M. Germain.

Cette espèce asiatique ressemble beaucoup à la précédente, seulement sa tête est emplumée et ornée de plumes noires.

IBIS ROUGE. (IBIS RUBRA).

Allemand: *Der rothe Ibis.* — Anglais : *The scarlet Ibis.* — Espagnol: *El Ibis rojo.* — Italien : *L'Ibis rossa.*

Cet oiseau propre à toutes les contrées chaudes de l'Amérique du Sud, vit en troupes sur les bords de la mer et de préférence sur les plages sablonneuses des grandes rivières. Il se nourrit d'insectes et de coquillages.

Il est peu d'oiseaux dont le plumage soit plus éclatant. Jeune, l'ibis rouge est gris, puis il devient rose et enfin couleur de pourpre. S'il était possible de faire reproduire cet oiseau en volière, nous aurions un des plus beaux animaux d'ornement qu'on puisse élever.

COURLIS VULGAIRE. (NUMENIUS ARCUATUS).

Allemand : *Der grosse Brachvogel.* — Anglais: *The common Curlew.* — Espagnol : *El Chorlo.* — Italien : *Il Numenio chiurlo.*

Cet oiseau se trouve en Sibérie et dans le Nord, il quitte ces régions au printemps pour se répandre vers le Sud, jusqu'en Grèce et en Egypte.

Sa chair est peu recherchée, mais ses œufs sont des plus délicats.

BARGE MARBRÉE ORDINAIRE.

(LIMOSA MELANURA).

Allemand : *Der Pulschnepfe*. — Anglais : *The Stone-plover*. — Espagnol : *La Limosa*. — Italien : *La Pantana*.

BARGE ROUSSE. (LIMOSA RUFA).

Ces deux espèces, propres à l'Europe, vivent dans les marécages et surtout dans les marais salants. Leur nourriture consiste en vers aquatiques et en petits crustacés qu'elles cherchent dans la vase avec leur bec mou et flexible.

COMBATTANT. (TRINGA PUGNAX).

Allemand : *Das Streithuhn*. — Anglais : *The Ruffle*. — Espagnol : *El Pavo de mar*. — Italien : *Il Pavone di mare*.

Cet oiseau d'Europe, remarquable par l'espèce de large collerette que forment les plumes du col, est très-commun en Europe. Au printemps, il se tient dans les prairies humides par compagnies qui, à l'automne, se répandent sur les rivages. Il vit d'insectes et de vers comme les animaux précédents, et peut rendre les mêmes services qu'eux, lachés dans un jardin potager ; mais il présente un attrait de plus, car il n'est pas d'oiseau plus amusant à entretenir à cause des luttes perpétuelles et inoffensives auxquelles on assiste ; en outre, c'est un oiseau d'ornement. Chaque mâle a un plumage particulier ; la collerette de l'un est blanche, celle de l'autre brune ou jaune d'or, il y en a de noires, de grises, de panachées.

FLAMMANT. (PHÆNICOPTERUS RUBER).

Allemand : *Der Flamingo*. — Anglais : *The red Flamingo*. — Espagnol : *El Flamenco*. — Italien : *Il Fenicottero rosso*.

Don de S. Exc. Kœnig-Bey.

Le nom du flammant lui vient de la belle couleur rouge de son plumage (*flammant* en vieux français pour *flambant*). En effet, cet oiseau dont les plumes sont blanches avec un reflet rosé, a les couvertures de ses ailes d'un rouge vif.

Lorsqu'une troupe de flammants prend son vol, toutes ces ailes rouges de feu qui battent au soleil produisent un effet extraordinaire qui donne la sensation de l'éclat du feu.

Dans cet oiseau qu'on pourrait à bon droit appeler le *Cygne des échassiers*, tout est remarquable ; ses longues jambes d'un rose carminé , terminées par des pieds palmés, son cou démesurément long, sa tête excessivement petite, portant un bec énorme, recourbé, dentelé comme un bec de canard, son corps tout petit relativement, compris entre ces membres et ce cou disproportionnés, tout lui donne l'apparence la plus excentrique.

Cet oiseau est d'ailleurs bon voilier et bon nageur.

Le flammant vit en troupes sur les plages découvertes des bords de la mer, des fleuves et des étangs ; il vit d'herbes, de graines, de larves d'insectes et de frai de poisson, il est sans cesse occupé à la recherche de sa nourriture, battant des pieds pour faire sortir les insectes de la vase et labourant le sol avec son bec crochu.

La femelle établit son nid sur les plages, au sommet d'une petite éminence naturelle et y dépose deux ou trois œufs gros comme ceux de l'oie, d'un blanc mat, et dont la coquille est couverte d'une poussière crétacée.

Le flammant, d'un caractère très-méfiant, mais doux et tranquille, est facile à apprivoiser.

La chair, et surtout la langue de cet oiseau étaient très-estimées des Romains.

Il est propre à l'Afrique et aux parties méridionales de l'Europe ; il se trouve en été sur les plages de la Méditerranée, et est assez commun dans la Camargue.

POULE D'EAU. (GALLINULA CHLOROPUS).

Allemand: *Das Rothblatesschen*. — Anglais : *The common Walerhen.* — Espagnol : *La Gallineta.* — Italien : *Il Porzanone.*

Cette jolie espèce commune en France et dans tout le centre de l'Europe, se tient sur le bord des rivières et des étangs. Elle émigre deux fois par an et revient se reproduire au lieu où elle a fait sa première ponte.

La poule d'eau a le plumage brun foncé en dessus et gris d'ardoise en dessous avec du blanc aux cuisses. Ses pieds et son bec sont verts jaunâtres.

POULES SULTANES ou TALÈVES.

(PORPHYRIO).

Allemand : *Das Sultanhühn.* — Anglais : *The Emerald Water-Hen.* — Espagnol : *El Calomon.* — Italien : *La Gallina Sultana color di smeralda.*

Ces oiseaux se trouvent dans les cinq parties du monde et constituent un groupe d'oiseaux à couleurs brillantes ordinairement bleues ; leurs pieds sont rouges et très-développés. Ils portent sur la tête une plaque cornée rouge qui se rejoint avec leur bec court et puissant.

Le vol de ces oiseaux est embarrassé, mais ils courent et grimpent avec une extrême célérité. Ils se nourrissent de grains et d'insectes qu'ils cherchent dans les rivières et les marais qu'ils habitent.

POULE SULTANE HYACINTHE.

(PORPHYRIO HYACINTHINUS).

Cette poule sultane, originaire d'Afrique, se rencontre abondamment en Egypte, en Algérie et au Sénégal. Son plumage est d'un bleu éclatant, nuancé de bleu clair et de vert sur les ailes.

POULE SULTANE A MANTEAU VERT.

(PORPHYRIO SMARAGNOTUS).

Don de M. Féry d'Esclands.

Voisine de la précédente, cette espèce s'en distingue par plus de gracilité dans les membres, par les tons verts de ses ailes et aussi par la largeur de la plaque frontale.
Cette espèce est originaire de Madagascar.

POULE SULTANE A MANTEAU NOIR.

(PORPHYRIO MELANOTUS).

Don de M. Mueller.

Cette espèce australienne est d'un bleu sombre en dessous et noire en dessus.

POULE SULTANE . . . . ? (PORPHYRIO . . . . ?)

Don de M. Delaporte.

Originaire de Bagdad (Syrie), cette espèce mal déterminée jusqu'ici se fait remarquer par les nuances claires de son plumage de bleu tendre et aussi par la coloration grise blanchâtre de sa tête.

POULE SULTANE MEUNIER.

(PORPHYRIO PULVERULENTUS).

Don de M. Germain et de M. Turc.

La talève meunier est originaire de l'Indo-Chine, elle est d'une taille un peu moindre que les espèces précédentes. Son plumage est bleu en dessous, noir en dessus, sa tête est grise.

POULE SULTANE DE JAVA.

(PORPHYRIO SMARAGDINUS).

Cette poule sultane des îles de la Sonde, diffère des précédentes par la longueur plus grande des pieds et des doigts, la plaque qui couronne sa tête atteint un développement considérable. Cet oiseau est noir en dessus, bleu clair en dessous, sa tête est grise claire.

FOULQUE ORDINAIRE. (FULICA ATRA).

Allemand : *Das gemeine Wasserhühn.* — Anglais : *The common Coot.* — Espagnol : *La Fulica negra.* — Italien : *La Fulca.*

La foulque, vulgairement nommée *Morelle* ou *Judelle*, se trouve dans toute l'Europe. Cet oiseau habite les marais, les lacs et les étangs, et se tient de préférence, pendant l'été, sur les pièces d'eau peu étendues; vers la fin de l'automne, il gagne les grands étangs, et enfin, quand tout est gelé, il se retire dans les plaines plus abritées. Sa nourriture consiste en vers, en insectes d'eau et en graines d'herbes marécageuses.

VI. — PALMIPÈDES.

GOELAND A MANTEAU NOIR.

(LARUS MARINUS).

Allemand : *Die Seemewe.* — Anglais : *The black-backed Gull.* — Espagnol : *La Gaviota dominicana.* — Italien : *Il Laro nero.*

Cet oiseau, le plus grand de ceux de cette famille, est répandu dans toutes les mers de l'Europe, de l'Afrique et de l'Amérique. Dans nos contrées il fréquente de préférence les côtes de l'Océan. Il vit en troupes extrêmement nombreuses, tantôt à terre et tantôt à la mer où il peut affronter les plus gros temps. Il fait son nid sur les falaises des bords de la mer.

GOELAND A MANTEAU BLEU.

(LARUS GLAUCUS).

Allemand : *Die Weissegravemewe.* — Anglais : *The silvery Gull.* — Espagnol : *La Gaviota de capa azul.* — Italien : *Il Laro argentato.*

Plus petit que le précédent, le goëland à manteau bleu se trouve dans les mêmes régions, et comme lui, vit par bandes nombreuses ; il niche dans les falaises.

MOUETTE RIEUSE. (LARUS RIDIBUNDUS).

Allemand : *Die Lachmewe.* — Anglais : *The Black-headed Gull.* — Espagnol : *La Gaviota de cabeza negra.* — Italien : *Il Laro con testa nera.*

De passage en Allemagne et en France, cette espèce abonde en Hollande dans toutes les saisons. Elle se nourrit d'insectes, de vers et de petits poissons. Elle niche près de la mer, à l'embouchure des rivières.

MOUETTE ORDINAIRE. (LARUS CANUS).

Allemand : *Die Kleine graue Mewe.* — Anglais : *The common Gull.* — Espagnol : *La Gaviota comun.* — Italien : *La Gavina.*

La mouette ordinaire, propre au Nord de l'Europe, habite les bords de la mer, et, à l'approche des ouragans se répand dans les terres.

PÉLICAN BLANC. (PELECANUS ONOCROTALUS).

Allemand : *Der weisse Pelikan.* — Anglais : *The white Pelican.* — Espagnol : *El Pelicano blanco.* — Italien : *Il Pelicano onocrotalo.*

Le pélican blanc répandu dans toutes les contrées méridionales de l'ancien et du nouveau continent, se trouve aussi en France, mais rarement.

Ce qui le distingue principalement, c'est l'énorme poche qu'il porte sous la mandibule inférieure du bec et qui lui sert de magasin pour conserver le poisson dont il fait sa nourriture.

Cet oiseau nage avec grâce et plonge très-facilement. Sa manière de pêcher diffère, suivant qu'il est seul ou en troupes. Seul, il se laisse tomber sur l'eau qu'il frappe fortement de ses ailes pour étourdir le poisson. En troupe, les individus forment un cercle qu'ils rétrécissent peu à peu, et dans lequel ils renferment leur proie ; puis, à un moment donné, ils battent l'eau de leurs ailes et pêchent, on peut le dire, en eau trouble.

Lorsque la poche est pleine, l'oiseau se retire sur quelque pointe de rocher , et commence réellement son repas. Pour cela, il comprime son sac sur sa poitrine, pour en faire sortir les poissons qu'il avale. Le sang qu'il dégorge ainsi, tachant quelquefois son plumage blanc, a donné lieu à la croyance vulgaire qu'il se déchire lui-même pour nourrir ses petits.

Cet oiseau s'apprivoise facilement. On a proposé de le dresser pour la pêche , comme les Chinois ont fait du cormoran ; mais nous ne savons pas qu'on y ait réussi.

CYGNE A BEC ROUGE. (CYGNUS OLOR).

Allemand: *Der Schwan*. — Anglais: *The common Swan*. — Espagnol : *El Cisne*. — Italien : *Il Cygno domestico*.

Cet oiseau qu'on appelle aussi *Cygne à tubercule*, est l'un des plus beaux ornements des pièces d'eau, il vit à l'état sauvage, en troupes peu nombreuses, sur les grandes mers et les lacs des parties orientales de l'ancien continent.

Réduit en domesticité depuis un temps presque immémorial, le cygne est non-seulement ornemental, il est utile, il fournit à l'industrie des plumes et un duvet d'une grande douceur qui est une fourrure recherchée. Placé sur les pièces d'eau, il empêche les herbes d'y croître surabondamment.

Cette espèce se reconnait à son bec rouge , bordé de noir et chargé sur sa base d'une protubérance arrondie. Son plumage est d'un blanc de neige chez l'adulte, gris chez le jeune.

Le Jardin en possède une variété désignée sous le nom de *Cygne né blanc,* dont les jeunes au lieu de naître gris, présentent dès la première année le plumage de l'adulte.

CYGNE A BEC NOIR. (CYGNUS FERUS).

Allemand : *Der Wilde Swan.* — Anglais : *The Hooper.*

Ce cygne diffère du précédent par ses formes moins harmonieuses, son cou est plus raide et son bec est noir coloré de jaune à la base. Son plumage est blanc, on le désigne communément sous le nom de *Cygne sauvage* et de *Cygne chanteur (Cygnus musicus);* en effet, au lieu de faire entendre comme le cygne à tubercule une sorte de grognement sourd, sa voix module un chant sonore.

Le cygne à bec noir habite les régions polaires arctiques, et descend dans l'Europe centrale et méridionale quand la saison devient très-rigoureuse.

CYGNE NOIR. (CYGNUS ATRATUS).

Allemand : *Der schwartz Schwan.* — Anglais : *The black Swan.* — Espagnol : *El Cisne negro.* — Italien : *Il Cigno nero.*

Cette espèce, dont le plumage noir forme un contraste si frappant avec la blancheur des précédents, est propre aux côtes méridionales de la Nouvelle-Hollande et de la terre Van-Diémen où il est très-commun.

Le premier de ces oiseaux qu'on ait vu vivant en Europe est celui qui existait à la Malmaison du temps de l'Impératrice Joséphine. Il y a une trentaine d'années qu'on l'a introduit en Angleterre. Depuis cette époque il s'est répandu partout ; on peut dire aujourd'hui qu'il est *domestique.* Il reproduit parfaitement en captivité et fait ordinairement deux pontes, une en automne, l'autre au printemps. C'est un magnifique oiseau d'ornement pour les pièces d'eau.

OIE DES MOISSONS. (ANSER SEGETUM).

Allemand : *Die Saatgans.* — Anglais : *The Bean Goose.*

Cet oiseau qu'on a souvent considéré comme la véritable oie sauvage, en diffère par ses ailes plus longues et par son bec de deux couleurs. Il est propre aux régions arctiques de l'Europe, où il niche ; il ne se montre dans les contrées tempérées que l'hiver et par bandes considérables.

OIE RIEUSE. (ANSER ALBIFRONS).

Allemand : *Die Blässgans.* — Anglais : *The laughing Goose.* — Espagnol : *El Ganso risueño.* — Italien : *L'Oca ridente.*

Cette espèce, remarquable par la grande tache d'un blanc pur qu'elle porte sur le front, est originaire des régions septentrionales des deux continents. A l'automne, les oies rieuses se rassemblent en bandes nombreuses et émigrent vers le centre de l'Europe, où elles passent l'hiver. Le nom que cet oiseau porte lui vient de son cri rauque qui a quelque ressemblance avec un éclat de rire.

OIE PREMIÈRE. (ANSER FERUS).

Allemand : *Die wilde Gans.* — Anglais : *The Wild* or *Grey-lag-Goose.* — Espagnol : *La Oca silvestre.* — Italien : *L'Oca silvatica.*

Cette espèce est aussi nommée *Oie cendrée.* Elle habite les mers, les plages et les marais des contrées orientales de l'Europe, et s'avance peu vers le Nord. Elle est très-commune dans le centre du continent européen, où elle se reproduit communément.

OIE DOMESTIQUE. (ANSER DOMESTICUS).

Allemand : *Die Hausgans.* — Anglais : *The Domestic Goose.* — Espagnol : *El Ganso.* — Italien : *L'Oca.*

L'oie première (*Oie sauvage, anser ferus*) est la

souche de toutes les variétés domestiques qui ont été formées. Il y a des oies blanches, des oies panachées et des oies grises. La Picardie, l'Alsace et le Midi de la France, ont des oies justement renommées. La variété *dite de Toulouse*, est sans contredit la plus remarquable à cause du volume et du poids qu'elle peut atteindre.

Les foies gras, la graisse très-abondante et d'une grande finesse, les plumes et le duvet que fournissent les oies, donnent lieu à un commerce assez considérable.

OIE DU DANUBE.

Cette variété domestique est remarquable par son plumage singulièrement ébouriffé et formé sur les flancs et les ailes de plumes longues et légères, qui retombent jusqu'à terre.

L'oie du Danube est une race éminemment ornementale. Le Jardin en possède deux variétés : une grise et une blanche.

OIE DE GUINÉE. (ANSER CYCNOÏDES).

Allemand : *Die guineische Schwanengans*. — Anglais : *The chinese Goose*. — Espagnol : *El Ganso de Guinea*. — Italien : *L'Oca di Guinea*.

Cet oiseau, originaire des contrées brûlantes de l'Afrique, où il vit à l'état sauvage, est très-commun en Russie, où il est acclimaté depuis longtemps et où il vit en domesticité. Son plumage est d'un gris roussâtre, clair en dessous ; sa nuque et le derrière de son cou portent une large raie noirâtre.

L'oie de Guinée est un excellent et très-fécond oiseau de basse-cour, sa chair est d'excellente qualité.

La *variété blanche* de l'oie de Guinée porte le nom d'*Oie de Siam*.

OIE DU CANADA. (ANSER CANADENSIS).

Allemand: *Die kanadische Schawnengans.* — Anglais: *The Canada Goose.* — Espagnol: *El Ganso del Canada.* — Italien: *L'Oca del Canada.*

Plus grosse que l'oie domestique, cette espèce a le cou très-long, entièrement noir, et marqué de blanc à la gorge, ce qui l'a fait appeler *Oie à cravate.* Elle habite les parties les plus froides de l'Amérique septentrionale, d'où elle émigre par bandes très-nombreuses, pour passer l'hiver dans les contrées plus tempérées.

L'oie du Canada, dont la chair est très-délicate, a été depuis longtemps introduite. On l'élève avec succès en France, en Angleterre et en Allemagne.

BERNACHE A CAMAIL BLANC.

(ANSER POLYCOMOS).

Cette espèce brésilienne a la tête, le cou et la poitrine d'un blanc argenté, le dos d'un roux fauve, les ailes ornées de belles plumes vertes ; elle porte au pli de l'aile des éperons acérés.

OIE ARMÉE. (ANSER ÆGYPTIACUS).

Allemand: *Die ægyptische Gans.* — Anglais: *The egyptian Goose.* — Espagnol: *El Ganso egipcio.* — Italien : *L'Oca d'Egitto.*

Cet oiseau, nommé aussi *Oie d'Égypte, Oie de montagne*, se trouve dans toute l'Afrique ; il abonde dans les lieux inondés par le Nil. Quelques individus isolés pénètrent jusqu'en France.

L'oie armée porte au pli de l'aile un petit éperon d'où lui vient son nom.

Cet oiseau s'élève fort bien en domesticité et sa chair est très-bonne.

BERNACHE ORDINAIRE. (BENICLA LEUCOPSIS).

Allemand : *Die weisskôpfige Bernakelgans.* — Anglais : *The Bernicle Goose.* — Espagnol : *La Bernicla comun.* — Italien : *La Bernacla.*

La bernache, nommée communément *Oie nonette* à cause de la disposition de son plumage noir et blanc, vit dans les régions les plus froides des deux continents. Lorsque la nourriture vient à lui manquer, elle quitte ces parages glacés pour se répandre par bandes nombreuses en Europe jusqu'en France, et en Amérique jusque dans les Florides.

Cet oiseau reproduit très-bien en captivité, sa chair est excellente.

CRAVANT. (Benicla brenta).

Allemand : *Die Bernakelgans.* — Anglais : *The Brent Goose.* — Espagnol : *La Oca de tocado.* — Italien : *L'Anitra columbaccio.*

Cet oiseau habite les marais et les bruyères des régions arctiques; il ne niche que dans ces contrées.

Il émigre par grandes bandes vers le Sud pour passer l'hiver. Il était à peine connu en France avant 1740, on en vit alors apparaître une immense quantité sur les côtes de l'Océan.

Le cravant, d'un caractère extrêmement timide, s'apprivoise facilement et s'élève très-bien dans les basses-cours.

Ce gibier est très-estimé dans les pays où il abonde.

BERNACHE DU MAGELLAN A TÊTE GRISE.

(Chloëphaga poliocephala).

Anglais : *The Ashy-headed Gosse.*

Cette jolie espèce aujourd'hui acquise à nos pièces d'eau, est d'un rouge vif sur le dos; son plumage est comme strié de noir, sa tête est d'un gris tendre.

Elle est originaire des parties les plus méridionales de l'Amérique, et se reproduit très-bien sous notre climat.

BERNACHE DU MAGELLAN A TÊTE ROUSSE.

(Chloëphaga rubidiceps).

Anglais : *The Ruddy-headed Goose.*

Cette bernache offre les plus grands rapports avec la précédente, seulement son plumage est d'un roux plus clair et sa tête d'un roux très-vif.

Elle reproduit très-bien aussi en captivité, et est originaire des îles Falkland.

GRANDE BERNACHE DU MAGELLAN.

(Chloëphaga magellanica).

Anglais : *The Upland Goose.*

Par ses formes, par la disposition de ses couleurs, par la facilité avec laquelle elle se reproduit, la grande bernache du Magellan, se rapproche beaucoup des deux espèces précédentes; seulement sa taille est double de de celle des oiseaux dont nous avons parlé. Chez le mâle, le fond du plumage est blanc zébré de noir, chez la femelle il est roux clair mêlé de noir.

BERNACHE DES SANDWICH.

(Chloëphaga sandwicensis).

Allemand : *Die sandwische Gans.* — Anglais : *The Sandwich-island Goose.* — Espagnol : *El Ganso de las islas Sandwich.* — Italien : *L'Oca dell'isole di Sandwich.*

Cette jolie espèce, propre aux îles dont elle porte le nom, a été importée pour la première fois en Europe, en 1832. Deux couples offerts en présent à la Société zoologique de Londres et à lord Derby ont produit tous les individus existant aujourd'hui en Europe. C'est, à proprement parler, un oiseau de terre, car il ne va à l'eau que très-rarement. Il mérite de fixer l'attention comme oiseau d'ornement.

BERNACHE ? (Bernicla jubata).

Don du Jardin zoologique de Londres.

Cet oiseau atteint à peine la taille de nos canards domestiques, il est originaire d'Australie. Son plumage est sombre flammé de blanc.

OIE DE GAMBIE. (ANSER (PLECTOPTERUS) GAMBENSIS).

Allemand : *Die gambiische Gans.* — Anglais : *The Spur-winged Goose.* — Espagnol : *El Ganso armado.* — Italien : *L'Oca armata.*

Cet oiseau se trouve dans l'Afrique méridionale et principalement au Sénégal. Il se fait remarquer par son plumage bronzé et par le double éperon qu'il porte au pli de l'aile.

OIE A PIEDS DEMI-PALMÉS.

(ANSERANAS MELANOLEUCA).

Anglais : *The White and Black Goose.*

Don de M. le docteur Mueller.

Assez disgracieuse dans ses formes, cette oie pie, blanche et noire, perchée sur de longues jambes, se reconnait au premier abord à ses pieds à peine palmés.

Elle est originaire de l'Australie.

CÉRÉOPSE CENDRÉ. (CEREOPSIS NOVÆ-HOLLANDIÆ).

Allemand : *Die Koppengans.* — Anglais : *The Cereopsis Goose.* — Espagnol : *El Cereopsis ceniciento.* — Italien : *Il Cereopside de la Nova-Hollanda.*

Le céréopse cendré se rapproche des bernaches ; il en diffère par la petitesse de son bec et par la membrane jaune clair qui le recouvre en partie. Cet oiseau vit en Australie, il y devient de jour en jour plus rare dans les parties occupées par les européens. Le céréopse est d'un beau gris tendre ocellé de taches noires, il vit très-bien en domesticité et reproduit assez facilement.

CANARD A BEC ROUGE.

(DENDROCYGNA AUTUMNALIS).

Anglais : *The Red-billed tree-Duck.*

Ce canard est remarquable par son bec et ses pattes d'un beau rouge et par les nuances rousses, grises et noires de son plumage ; haut monté sur jambes, il nage peu et vit perché sur les arbres. Ses pattes sont peu palmées.

Il est originaire de la Guyane et du Brésil.

CANARD DE MARAGNAN. (Dendrocygna viduata).

Anglais : *The White-faced trec duck.*

Cette jolie espèce brésilienne est percheuse comme la précédente, son plumage est d'un rouge acajou strié de nuances plus claires. Elle se reconnait au premier coup-d'œil à la coloration blanche de sa face. Il semble que cet oiseau porte un masque.

CANARD A LUNULES. (Dendrocygna arcuata).

Anglais : *The Indian trec duck.*

Originaire de l'Inde, cette petite espèce est rousse et se rapproche beaucoup par ses formes des précédentes.

CANARD PERCHEUR. (Dendrocygna arborea).

Le plus grand des oiseaux de ce petit groupe, le canard percheur est d'un brun foncé ; ses flancs sont flammés de blanc, cette espèce beaucoup plus rustique que les précédentes peut supporter la rigueur de nos hivers.

CANARD TADORNE. (Anas tadorna).

Allemand : *Die Bradente.* — Anglais : *The common Sheldracke.* — Espagnol : *La Tardona.* — Italien : *La Branta.*

Haut sur pattes, cet oiseau dont le plumage est blanc et roux, a le bec d'un rouge vif éclatant, il habite le Nord de l'Europe, d'où il émigre, pour paraître sur nos côtes septentrionales au commencement du printemps.

Essentiellement voyageur, le canard tadorne va par paires, il s'établit dans les dunes du bord de la mer ; la femelle y dépose dans un terrier de lapin abandonné, de dix à quinze œufs, plus ronds que ceux de la cane et d'un blond clair.

Cette manière de nicher sous terre, avait été remarquée par les anciens, qui, pour cette raison, lui avaient donné les noms de *Vulpanser* et de *Chenalope* c'est-à-dire *Oie-renard*.

Sa chair très-délicate et ses œufs excellents à manger, le duvet qu'il donne et enfin la beauté de ses couleurs la rendent digne de fixer l'attention.

CANARD CASARKA. (ANAS CASARCA).

Allemand: *Die gelbrothe Ente.* — Anglais: *The ruddy Sheldrake.*

Le casarka est d'un ton jaune vif, et de formes élégantes, il est peu aquatique et vit volontiers dans les prairies et les steppes ; on le rencontre abondamment en Turquie et en Egypte dans les parties humides.

Cet oiseau est plus qu'un oiseau d'ornement, sa chair est exquise. Le casarka reproduit facilement en domesticité.

CANARD DE LA CAROLINE. (ANAS (AIX) SPONSA).

Allemand: *Die Plumente.* — Anglais: *The sommer Duck.* — Espagnol : *El Anade de la Carolina.* — Italien : *L'Anitra capelluta.*

Ce canard, remarquable par la beauté de son plumage, habite, l'été, les régions glaciales du nouveau continent et émigre l'hiver, dans toutes les contrées tempérées de l'Amérique septentrionale. Il vit de préférence dans les cantons boisés où se trouvent des rivières. Il perche volontiers sur les arbres, dans les trous desquels il place son nid. Sa ponte est de huit à douze œufs. En France, il se reproduit facilement dans nos volières.

CANARD MANDARIN. (ANAS (AIX) GALERICULATA).

Allemand: *Die Mandarinenente.* — Anglais: *The Mandarin Duck.* — Espagnol: *La Cerceta de la China.* — Italien : *L'Arzavoletta di China.*

Le mandarin qu'on appelle encore *Canard à éventail*

et *Sarcelle de la Chine*, se fait remarquer par la beauté de son plumage, par la richesse de son panache vert et pourpre, et enfin, par la disposition singulière des deux plumes qu'il porte au devant de chaque aile, et dont les barbes, coupées carrément et d'une longueur extraordinaire, lui forment comme deux ailes de papillon d'un beau jaune orangé.

Il est originaire du Nord de la Chine et se trouve principalement dans la province de Nan-King. Réduit en domesticité en Chine, il sert à orner les cours et les jardins. On le regarde comme le symbole de la fidélité conjugale ; et il est d'usage que les amies d'une jeune mariée, lui offrent, le jour de la noce, une paire de ces oiseaux.

C'est vers 1850 que cette charmante espèce a été introduite en Hollande d'abord, puis en Angleterre et enfin en France où elle s'est reproduite au point de ne plus être rare.

CANARD SIFFLEUR. (ANAS (MARECA) PENELOPE).

Allemand : *Die Pfeifente*. — Anglais : *The Wigeon*. — Espagnol : *El Anade penelope*. — Italien : *L'Anitra penelope*.

Le canard siffleur est un habitant des régions septentrionales de l'Europe, d'où il nous arrive vers le mois de novembre. Ses troupes nombreuses s'avancent beaucoup vers le Sud et jusqu'en Egypte. En France, elles se voient principalement sur les côtes de la Picardie.

Son plumage est gris, sa tête rouge avec un bandeau jaune clair sur le front.

CANARD SIFFLEUR HUPPÉ. (ANAS RUFINA).

Anglais : *The Red Crested Whistling Duck*.

Ce canard, habitant des régions boréales, ne vient que très-rarement sur nos côtes. Il se reconnait à la couleur rouge de son bec et au développement des plumes rousses claires recouvrent sa tête en l'encapuchonnant.

CANARD PILET. (ANAS (DAFILA) ACUTA).

Allemand : *Die Spissente.* — Anglais : *The Pintail.* — Espagnol : *El Anade de cola larga.* — Italien : *L'Anitra di cola lunga.*

Cet oiseau se distingue des autres canards par les deux plumes longues et étroites qui terminent sa queue, et qui lui ont valu les noms de *Canard-faisan*, *Faisan de mer* et *Coq de mer*.

Habitant des régions les plus glacées des deux continents, le canard pilet se répand, pendant l'hiver, dans les contrées tempérées et même chaudes.

C'est un excellent gibier, considéré comme maigre, et plus estimé que le canard sauvage.

CANARD DE BAHAMA. (ANAS (DAFILA) BAHAMENSIS).

Allemand : *Die Bahama Ente.* — Anglais : *The Bahama Duck.* — Espagnol : *El Anade bahamense.* — Italien : *L'Anitra di Bahama.*

Cet oiseau se trouve dans l'Amérique centrale, aux Antilles et surtout dans l'île de Bahama, d'où il tire son nom.

C'est à coup sûr une des plus jolies espèces de canards qui ait été importée ; son plumage d'un brun rose, maculé de taches noires, le beau miroir vert placé sur les ailes, enfin la coloration rouge vif de la base du bec font du canard de Bahama, le rival de beauté et d'élégance des canards carolins et mandarins.

Cette espèce reproduit facilement en captivité et s'élève très-bien.

CANARD SAUVAGE. (ANAS BOSCHAS).

Allemand : *Die gemeine Ente.* — Anglais : *The common Duck.* — Espagnol : *El Anade comun ó El Pato.* — Italien : *L'Anitra cesone.*

Tout le monde connait le canard sauvage qui vient chaque année à l'automne habiter nos contrées. Cet oiseau vit dans les régions septentrionales de l'ancien et du nouveau monde. Ses variétés aujourd'hui multipliées à l'infini, ont donné à nos basses-cours de précieux habitants.

Le Jardin possède les *races domestiques* suivantes :

CANARD NORMAND.

D'un volume énorme, cette race qu'on peut aisément confondre avec le *Canard de Duclair*, est originaire du Calvados. Elle a le corps très-long et conserve à peu près le plumage du canard sauvage.

CANARD HOLLANDAIS.

Presque égal en volume au précédent, le canard hollandais est entièrement blanc, avec le bec et les pattes d'un jaune orangé. La chair de cette variété est très-estimée.

CANARD D'AYLESBURY.

Blanche comme la précédente, cette race est d'un volume égal, sinon supérieur à celui du canard hollandais ; mais elle se distingue par son bec d'un blanc nacré.

Le canard d'Aylesbury est d'origine anglaise, il se recommande par la finesse de sa chair et la facilité avec laquelle il s'engraisse.

CANARD HUPPÉ.

Il existe des canards huppés ; on a rendu cette monstruosité héréditaire et constitué une race qui porte une huppe souvent fort développée.

Les canards huppés, les blancs surtout, sont de jolis oiseaux d'ornement.

CANARD POLONAIS.

Cette variété blanche est remarquable à cause de son bec fortement recourbé et toujours de couleur blanche, comme celui de l'Aylesbury.

CANARD POLONAIS HUPPÉ.

C'est le même que le précédent, seulement il porte une huppe.

CANARD SABREUR.

Le canard sabreur est ordinairement panaché, il est huppé, son bec bleu est recourbé comme celui du polonais.

CANARD PINGOUIN.

Cette variété qui a les couleurs du canard sauvage, ou est un peu moins colorée, est très-remarquable à cause de sa conformation ; en effet, ses membres postérieurs sont placés très en arrière, et il en résulte que cet oiseau marche tout debout comme le pingouin qui lui a donné son nom. Ses ailes sont très-peu développées.

CANARD LABRADOR.

Cette race, on pourrait presque dire cette espèce, tant elle diffère des précédentes, est excessivement prolifique, sa chair est excellente. Ses œufs sont ordinairement plus foncés que ceux des canards ordinaires et comme noircis de fumée.

Le plumage du canard labrador est d'un beau noir à reflets verts métalliques. Son bec et ses pattes sont noirs.

CANARD MIGNON.

De très-petite taille, ce canard est très-utile pour couver des œufs de canards précieux ; il est en même temps ornemental. Cette variété vole beaucoup et anime plus que toute autre les pièces d'eau qui le reçoivent par ses départs et ses retours incessants.

Le canard mignon a le bec très-court.

Le Jardin possède :

a. La variété grise ; b. La variété panachée ; c. La variété blanche.

CANARD OBSCUR. (ANAS OBSCURA).

Anglais : *The Dusky Duck.*

Cette espèce excessivement voisine de notre canard sauvage, est originaire de l'Amérique du Nord. Elle a le même plumage que l'ancêtre de nos races domestiques, elle est seulement de couleur beaucoup plus foncée.

CANARD DE BARBARIE. (ANAS MOSCHATA).

Allemand : *Die turkische Ente.* — Anglais : *The Muscovy Duck.* — Espagnol : *El Anade de Berberia.* — Italien : *L'Anitra muschiata.*

Ce canard, beaucoup plus grand que le canard domestique, dont il diffère encore par d'autres caractères, s'appelle aussi *Canard musqué*, à cause de l'odeur de musc que répand sa chair, surtout à l'état sauvage. Il est originaire de l'Amérique du Sud, d'où il a été apporté par les espagnols en Europe, où il est devenu entièrement domestique.

Le plumage de cet oiseau est d'un vert bronzé métallique, mais en domesticité, il a donné des variétés de plusieurs couleurs (*grises, panachées, blanches*).

La chair des mâles n'est pas mangeable, mais celle des jeunes est très-bonne ; croisé avec le canard domestique, le canard musqué donne des *Mulards* qui acquièrent une taille énorme.

SARCELLE D'HIVER. (ANAS CRECCA).

Allemand : *Die kleine Krichente.* — Anglais : *The common Teal.* — Espagnol : *La Cercela pequeña.* — Italien : *L'Arzovoletta.*

Cette espèce, très-commune pendant l'hiver en France, se trouve dans toute l'Europe. Elle fréquente les étangs, et, lorsqu'ils sont couverts de glace, les rivières et les fontaines qui ne gèlent pas. Elle se nourrit de graines, de plantes aquatiques, d'insectes et de petits poissons.

La chair de la sarcelle est meilleure que celle de tous les autres canards, et regardée comme gibier maigre.

SARCELLE D'ÉTÉ. (ANAS QUERQUEDULA).

Allemand : *Die Winterkrikente*. — Anglais: *The Garganey Teal*. — Espagnol : *La Cerceta*. — Italien: *La Cercedula*.

Cet oiseau, commun en France pendant l'été, diffère du précédent par ses couleurs plus claires. Sa chair est égale en mérite à celle du précédent.

CANARD CHIPEAU. (ANAS STREPERA).

Allemand : *Der Schnaatterente*. — Anglais: *The common Godwall*.

Ce canard a la tête et le cou gris pointillés de noir et une tache blanche au milieu des ailes. Il est propre au Nord de l'Europe où il passe l'été et se montre en France sur nos côtes.

CANARD SOUCHET. (ANAS CLYPEATA).

Allemand: *Die Löffelente*. — Anglais: *The Shoveler*. — Espagnol: *El Anade de pico grande*. — Italien: *L'Anitra Spatola*.

Du Nord des deux continents, ce canard est remarquable par son bec large, noir en dessus et jaunâtre en dessous et par sa tête et son cou d'un vert foncé et irisé.

CANARD MORILLON. (ANAS FULIGULA).

Allemand: *Die Strausente*. — Anglais: *The tufted Duck*. — Espagnol : *El Anade crestado pequeño*. — Italien: *La Morettına*.

Le morillon porte sur la nuque une huppe de plumes effilées, il est d'un noir de jais, son œil est jaune d'or, ses flancs sont blancs. Il habite le Nord de l'Europe et de l'Asie. On le trouve, à son double passage, en France et dans les contrées tempérées de l'Europe, et même jusqu'en Egypte.

CANARD MILOUINAN. (ANAS MARILA).

Allemand : *Die Bergente.* — Anglais : *The Scop Duck.*

Cette espèce, propre aux régions septentrionales des deux continents, et un peu plus grande que le morillon, est blanchâtre en dessus avec des raies noires très-fines ; la tête et le cou sont noirs à reflets verts. L'œil est jaune d'or.

CANARD MILOUIN. (ANAS FERINA).

Allemand : *Der Tafelente.* — Anglais : *The Red-headed Pochard.* — Espagnol : *El Miluino.* — Italien : *La Milluina.*

Ce canard habite le Nord de l'Europe et de l'Amérique, et se tient presque toujours sur l'eau qu'il empêche, assure-t-on, de geler autour de lui en s'agitant continuellement. Il se nourrit de vers, de petits crustacés et de poissons. Son plumage est gris sur le dos, la tête et le cou sont roux, l'œil rouge de sang.

CANARD NYROCA. (ANAS LEUCOPHTALMOS).

Anglais : *The White-eyed Duck.*

Ce canard, remarquable par l'iris blanc de l'œil, par son bec noirâtre avec une tache angulaire blanche et ses pieds bleus cendrés, se trouve dans les parties orientales de l'Europe.

CANARD PLOMBIÈRE DE LA CHINE.

Cet oiseau d'un très-beau plumage brunâtre est sans doute le résultat du croisement du canard nyroca avec le canard mandarin.

CANARD GARROT. (ANAS CLANGULA).

L'un des plus beaux canards de nos côtes, le garrot habite les régions polaires arctiques, et descend l'hiver sur nos côtes. Il est noir et blanc avec deux taches blanches rondes sur les joues. Cet oiseau est sans cesse occupé à plonger pour chercher sa nourriture.

VII. — RUDIPENNES.

AUTRUCHE D'AFRIQUE. (STRUTHIO CAMELUS).

Allemand : *Der Strauss*. — Anglais: *The Ostrich*. — Espagnol : *El Avestru*. — Italien : *Il Struzzo*.

Don de M. Suquet.

L'autruche, le plus grand des oiseaux connus, a pour patrie l'Afrique et quelques contrées de l'Asie en deçà du Gange.

Elle vit en troupes composées d'un mâle et de plusieurs femelles, dans les lieux plats et découverts. Elle se nourrit d'herbes, d'insectes et de graines. Elle ne vole pas ; ses ailes, formées de plumes minces et flexibles, sont trop faibles pour la soutenir en l'air ; mais, en revanche, elle court avec une vitesse extrême.

La femelle pond dans les lieux sablonneux et dans une excavation que fait le mâle dans le sol, de quinze à vingt-cinq œufs très-gros, d'un blanc jaunâtre et à coque très-solide, que le mâle et la femelle couvent alternativement.

Le caractère de l'autruche est des plus paisibles ; mais son intelligence est très-bornée. Quoique d'un naturel craintif et défiant, cet oiseau s'apprivoise avec beaucoup de facilité, et on assure que les habitants du Dora et de la Libye en ont des troupeaux dont ils exploitent les plumes. Ces plumes, celles de la queue et des ailes surtout, sont depuis longtemps l'objet d'un commerce considérable.

La chair de l'autruche, sans être délicate, est bonne à manger ; sa graisse sert à divers usages chez les peuples de l'Afrique. Enfin ses œufs, d'un volume qui égale vingt-et-un de ceux de nos poules, s'emploient aux mêmes usages que ces derniers.

Les avantages qu'on peut retirer de l'autruche avaient depuis longtemps fait naître la pensée de la rendre domestique. Après plusieurs tentatives infructueuses, la question paraît aujourd'hui complètement résolue. A l'aide de quelques précautions des plus simples, M. Hardy, à Alger, M. le prince Demidoff, à San-Donato et M. Suquet, à Marseille, M. Graëlls à Madrid et M. Bouteille, à Grenoble, sont parvenus à faire couver régulièrement l'autruche captive et à élever ses petits. Le nombre des jeunes individus ainsi obtenus est déjà assez considérable. Les oiseaux que le Jardin possède sont nés à Marseille.

NANDOU. (Rhea americana).

Allemand : *Der Nandu* — Anglais : *The Rhea.* — Espagnol : *El Nandú.* — Italien : *La Nandu americana.*

Don de M. le capitaine Morin.

Le nandou, appelé encore *Autruche d'Amérique*, sensiblement plus petit que l'espèce précédente, en diffère encore parce qu'il a au pied trois doigts au lieu de deux.

Cette espèce, propre à l'Amérique méridionale, se trouve depuis le Brésil jusqu'en Patagonie, et abonde surtout dans les républiques Argentine et de l'Uruguay.

Elle vit par bandes qui ne se mêlent jamais entre elles, et composées de dix à quinze femelles conduites par un mâle, dans les régions complètement découvertes.

Sa nourriture se compose principalement d'insectes,

de vers, de mollusques terrestres, d'herbes de diverses sortes, de graines et parfois de petits reptiles.

De même que l'autruche, le nandou ne vole pas; mais il court avec une extrême rapidité, en faisant des voltes fréquentes qui rendent sa poursuite très-difficile.

La femelle pond, dans un trou large et peu profond qu'elle creuse dans la terre, une vingtaine d'œufs, un peu plus petits que ceux de l'autruche, d'un blanc jaunâtre, à coquille dure, lisse et polie, que le mâle couve avec elle.

L'abondance et la bonté des œufs du nandou, ses plumes dites *plumes de vautour*, et enfin, sa chair qui, sans être très-délicate, est saine et nourrissante, font vivement désirer que l'on puisse l'acclimater et le propager parmi nous.

Les succès obtenus par le Jardin zoologique de Londres dans l'éducation des jeunes nandous, permettent de penser que cette espèce ne sera pas plus réfractaire à la domestication que l'autruche.

DROMÉE ou CASOAR DE LA NOUVELLE-HOLLANDE.

(DROMAIUS NOVÆ-HOLLANDIÆ).

Allemand: *Der Emu.* — Anglais: *The New-Holland Cassawary.* — Espagnol: *El Casoario de la Nueva-Hollanda.* — Italien: *Il Dromeo di Nova-Hollanda.*

L'un des couples est un don de M. le comte Montalembert d'Essé.

Cet oiseau, un peu plus petit que ceux dont nous venons de parler, et connu aussi sous le nom d'*Émou*, est propre à la Nouvelle-Hollande et aux îles environnantes. Autrefois très-commun sur les côtes, on ne le trouve guère aujourd'hui qu'au delà des montagnes Bleues.

Les casoars vivent en troupes nombreuses dans les plaines et sur les rivages sablonneux. Ils se nourrissent de fruits et d'herbages. Comme l'autruche, la petitesse de leurs ailes les empêche de voler, mais ils courent avec une extrême vitesse.

La chair de cet animal, comparable pour le goût à celle du bœuf, est très-recherchée par les habitants de l'Australie. Ses œufs , dont le volume égale celui de douze œufs de poule, sont d'un vert brillant, à coque épaisse, rugueuse et comme chagrinée ; ils sont très-délicats et d'un goût exquis. Sa peau, enfin, est recouverte d'une sorte de fourrure dont on fait des tapis précieux et des plumes fort recherchées pour la parure des dames.

Cet oiseau, introduit depuis assez longtemps en Angleterre et ensuite en France, y vivait très-bien en captivité , mais ne se reproduisait pas. M. Florent Prévost, après plusieurs tentatives infructueuses, réussit en 1851 à faire pondre les femelles qu'il possédait. Elles lui donnèrent un certain nombre d'œufs qui , couvés par le mâle , produisirent trois petits qui s'élevèrent et vécurent parfaitement bien. L'année suivante, il obtint encore un petit très-vigoureux qu'on a vu longtemps à la ménagerie du Muséum.

M. Bennett obtient régulièrement en Angleterre des reproductions des casoars qu'il possède.

POISSONS,

CRUSTACÉS, MOLLUSQUES, ETC.

AQUARIUM.

Les mœurs et les habitudes des nombreux animaux qui vivent exclusivement au sein des eaux douces ou dans la profondeur des mers, ont été jusqu'ici peu connues, à cause de la difficulté, et même, pour un très-grand nombre d'entre eux, de l'impossibilité de les étudier au fond des abîmes qu'ils habitent. L'aquarium, le premier qu'on ait vu en France établi sur une grande échelle et qui surpasse, sous plusieurs rapports, celui qu'on admire à Londres depuis plusieurs années, rendra facile à l'avenir cette étude intéressante, et permettra à la science de compléter ses observations sur une foule d'êtres dont aujourd'hui elle ne sait presque que les noms.

L'appareil du Jardin se compose de compartiments (bacs), en forme de carrés allongés, placés les uns à la suite des autres. Des parois de ces bacs, quatre sont en ardoise et la cinquième, celle du devant, formée d'une glace épaisse et parfaitement pure, permet de voir tout l'intérieur. Le sixième côté n'est pas fermé et reçoit la lumière qui vient d'en haut, et qui produit un effet d'optique très-remarquable ; la surface de l'eau fait exactement l'effet d'un miroir qui reproduit tout l'intérieur du bassin, de façon à représenter une véritable caverne marine. Des fragments de roche arrangés d'une manière pittoresque, du sable et quelques végétaux aquatiques garnissent le fond de ces bacs, dans lesquels un appareil fort ingénieux, construit derrière le bâtiment, entretient un courant continuel d'eau douce pour les uns et salée pour les autres.

Les plantes qui végètent dans les bassins ne servent pas seulement, comme on pourrait le croire au premier abord, à l'ornementation, elles sont destinées à l'alimentation des poissons herbivores et surtout à entretenir l'eau dans un état de pureté convenable à la vie de ses habitants, en absorbant le gaz acide carbonique qu'ils produisent constamment par l'acte de la respiration, et en le transformant en oxygène sans lequel ils ne pourraient vivre.

Les végétaux que l'on voit dans les bacs d'eau douce, sont la Cornifle *ceratophyllum submersum*, la Macre ou Chataigne d'eau *trapa natans*, le Rossolis *drosera longifolia*, armé de poils irritables qui se contractent au moindre contact et donnent la mort aux mouches et autres insectes au profit de l'alimentation des poissons, la Vallisniérie spirale, etc. Ceux des bacs d'eau de mer consistent en Algues de formes et de couleurs diverses.

Les compartiments ou bacs sont au nombre de quatorze, dont les quatre premiers contiennent de l'eau douce et sont consacrés aux poissons et autres animaux qui vivent dans cet élément ; les dix autres remplis d'eau de mer, sont destinés à ceux qui ne vivent que dans l'eau salée.

Chaque bassin est en principe destiné à certaines espèces de poissons ou d'animaux aquatiques ; mais suivant leur volume, leur nombre et leurs mœurs, on est souvent obligé de faire des changements pour les entretenir dans de bonnes conditions ; c'est ce qui fait qu'on trouve quelquefois dans un bac des individus qui appartiennent à un autre. De plus, comme les compartiments n'en peuvent contenir qu'un nombre très-limité, et comme il rentre dans l'esprit de l'institution de l'aquarium de faire passer sous les yeux des curieux le plus grand nombre possible d'êtres aquatiques, on ne devra pas être surpris de voir, suivant les saisons, changer les animaux des bacs.

On comprend d'après cela qu'il n'est guère possible de donner ici une liste complète et toujours exacte de ces animaux ; aussi nous bornerons-nous à signaler les plus intéressants et les plus constants.

Le bac n° 1 (en entrant par la porte ouest), contient les poissons d'eau douce les plus communs, tels que : la Carpe, le Goujon, l'Ablette, le Barbillon, le Chevenne ou Meunier, le Rotangle, la Tanche, le Cyprin doré, le Véron et l'Epinoche. On y voit un certain nombre de Mollusques d'eau douce qui servent à nettoyer les bacs de la végétation confervoide qui tend à s'y développer, ainsi que des déjections des poissons : Lymnées, Planorbes, Anodonte, parmi laquelle on distingue l'Anodonta Cygnea, la Géante des moules de rivière.

Dans le bac n° 2, se trouvent les espèces rapaces qui peuvent vivre ensemble sans inconvénient : 1° Brochets et Perches ; 2° Anguilles et Lottes retirées pendant le jour sous les rochers et qui se montrent surtout aux approches de la nuit, l'Écrevisse commune et l'Écrevisse a pattes rouges.

Le bac n° 3, est destiné aux Salmonidés, Truite commune, grande Truite des lacs, Truite saumonée, Saumon ordinaire, Saumon du Danube, Ombres chevaliers, Féras et Lavaret.

Dans le bac n° 4 ont été placés les axolots du Mexique donnés au Jardin d'acclimatation par M. le Maréchal Forey. Les axolots sont des batraciens urodèles *sirodon mexicanus humboldtii*, qui vivent dans les hauts lacs du Mexique ; ce sont des animaux comestibles. Il y en a deux variétés, une blanche et une noire.

Les n°s 5 et 6 sont consacrés principalement aux Actinies, êtres singuliers, formés d'un corps cylindrique, charnu et contractile, fixés ordinairement par leur base aux rochers, mais cependant susceptibles de locomotion, et terminés à l'autre extrémité libre par un orifice (bouche) entouré de tentacules plus ou moins nombreuses et plus ou moins déliées, suivant les espèces, qui ont l'aspect des pétales de certaines fleurs rayonnées. Cette conformation, la beauté et la diversité des couleurs de ces animaux les ont fait comparer à des fleurs et leur ont valu les noms d'ANÉMONES, d'ŒILLETS DE MER, etc.

Les espèces principales que présentent ces bacs sont : l'ACTINIE A GROSSES TENTACULES, de couleur variant du cramoisi au jaune ; l'ACTINIE POURPRE, variée de blanc et de rouge ; l'ACTINIE ROUSSE, dont la coloration varie à l'infini ; l'ACTINIE PLUMEUSE, blanche et à tentacules très-nombreux et très-fins ; l'ACTINIE DIANTHUS ou ŒILLET DE MER ; l'ACTINIE ESCULENTE qui se mange en Provence.

Outre ces animaux, on voit encore plusieurs espèces de MÉDUSES ou ORTIES DE MER, formées d'un disque plus ou moins bombé, demi-transparent, sous lequel flottent des appendices qui secrètent une matière âcre qui fait, sur la peau, l'effet de l'ortie.

Le n° 7 contient les ECHINODERMES, animaux rayonnés à peau dure ou pourvus de pièces calcaires. On distingue parmi eux : les HOLOTHURIES ou CONCOMBRES DE MER dont les couleurs sont très-belles et très-variées chez certaines espèces ; l'une d'elles, les BALESTES ou SOURIS DE MER ; les OURSINS ou CHATAIGNES DE MER, dont le corps globuleux est recouvert de piquants durs et mobiles qui sont les organes de la locomotion ; l'OURSIN COMESTIBLE est très-recherché comme aliment ; les ASTÉRIES ou ÉTOILES DE MER, dont le corps est formé de rayons plus ou moins nombreux, partant d'un centre commun, où se trouve la bouche ; l'ASTÉRIE ROUGE est très-commune sur nos côtes.

Le n° 8 qui renferme aussi quelques anémones, est destiné aux ANNÉLIDES MARINES et aux POLYPIERS. Les annélides sont des sortes de vers dont le corps long et mou est divisé en anneaux nombreux, nu et mobile chez les autres. Parmi les premières, on distingue la NÉRÉIDE qui file un léger tissu de soie dans les creux de rocher ou dans les trous en terre, et l'ARÉNICOLE qui sert d'appât aux pêcheurs. Parmi les secondes, nous citerons : la SERPULE TRIQUÈTRE et la SERPULE CONTOURNÉE dont la partie supérieure est terminée par des branchies de couleurs variées et formant des panaches ou une sorte de corolle.

Les polypiers sont composés de deux parties distinctes : d'un axe plein, corné ou pierreux, et d'une enveloppe corticale organisée, contenant les polypes, qui ressemblent à de petites actinies. L'axe plus ou moins rameux et les polypes dont les couleurs varient, donnent à ces êtres singuliers l'aspect d'une plante, ce qui les a fait nommer ZOOPHYTES ou animaux-plantes. Parmi les plus remarquables espèces nous citerons : le CORAIL qui est l'objet d'un commerce assez important ; les CARYOPHYLLÉES qui ont tout à fait l'aspect d'une plante ; les ASTRIES, qui ont la forme de feuilles ; les SERTULAIRES à polypier corné ; les VÉRÉTILLES, dont la tige charnue est libre, et enfin les ÉPONGES dont l'usage est connu de tout le monde.

Les nos 9 et 10 renferment les CRUSTACÉS, animaux d'une forme bizarre et dont le corps est recouvert entièrement d'une carapace calcaire. Les principales espèces de cette famille sont : le CRABE ÉTRILLE, le CRABE ENRAGÉ, le TOURTEAU, tous bons à manger ; le CRABE MAYA l'un des plus grands de nos mers ; le PAGURE BERNARD L'HERMITE, qui, pour garantir la partie postérieure de son corps dépourvue de carapace, de la voracité des autres animaux et des injures des corps environnants, s'empare d'une coquille vide, s'y loge et la traîne partout avec lui. Cette coquille supporte très-souvent l'ACTINIE PARASITE que le pagure transporte ainsi partout où il va pour chercher sa proie ; la LANGOUSTE dont la carapace rougeâtre est hérissée de pointes dures ; le HOMARD dont la forme est la même que celle de l'écrevisse, mais qui est beaucoup plus grand; les CREVETTES ou

Chevrettes, dont le corps transparent permet de suivre de l'œil les phénomènes de la circulation ; les principales espèces de ces dernières sont : le Palémon a dents de scie, le plus grand du genre ; le Palémon commun, de moitié plus petit et le Crangon vulgaire, qui abonde sur nos côtes ; enfin les Squilles qui rappellent, pour la forme, les insectes connus sous le nom de Mantes.

Le n° 11 est consacré aux Mollusques acéphales a deux valves et aux Gastéropodes. Parmi les premiers on distingue : l'Huitre comestible, les Peignes ou Coquilles de Saint-Jacques, les Moules, les Avicules ou Arondes perlières, qui secrètent les perles, les Jambonneaux, qui fournissent le bissus, sorte de poils fins et brillants dont on peut fabriquer des étoffes ; le Taret qui perfore le bois et s'y creuse de longues galeries, et les Pholades qui percent les pierres les plus dures. Parmi les seconds on remarque : les Porcelaines, les Casques, les Cônes, les Haliotides ou Oreilles de mer, les Patelles, les Sabots, les Rochers, les Nasses et la Nérite littorale.

Le n° 12 contient d'autres mollusques, Gastéropodes et Acéphalopodes ; tels que, pour les premiers : l'Aplysie ou Lièvre marin dont le corps ressemble à une grosse limace, et les Eolides qui vivent sur le sable ou fixées aux algues, et dont le corps a l'apparence d'une feuille de choux frisé. Parmi les acéphalopodes on remarque : la Seiche officinale dont la coquille cachée sous la peau est appelée *Biscuit de mer* et qui secrète une liqueur noire que l'animal lâche pour troubler l'eau lorsqu'il est poursuivi ; le Poulpe qui a la forme d'une boule surmontée de huit grands bras ; le Calmar ou Encornet que l'on mange sur les côtes et qui sert d'appât aux pêcheurs. Les Mollusques ptéropodes sont représentés dans ce bassin par l'Hyale qui vit dans la Méditerranée. Enfin on y voit encore quelques animaux très-curieux, voisins des mollusques, tels que : les Biphores, dont le corps gélatineux et transparent se détruit au moindre contact ; les Ascidies qui vivent en familles et dont le corps très-simple représente un tube ouvert aux deux bouts ; les ANATIFES qui se fixent à la quille des navires et les BALANES.

Les n° 13 et 14 sont destinés aux poissons de mer proprement dits. On y trouve : le SYNGNATE-TROMPETTE dont le corps allongé est recouvert d'une cuirasse formée de plusieurs pièces accolées ; l'HIPPOCAMPE ou CHEVAL MARIN qui ressemble à un cheval sans pieds dont le corps finirait en queue de poisson ; l'AMMODYTE qui se tient habituellement dans le sable ; l'URANOSCOPE-RAT qui s'enfonce dans le sable et agite les barbillons qui garnissent ses lèvres pour amorcer sa proie ; les CRENILABRES ou VIEILLES DE MER, les COTTES (*Cottus bubalis*) ou CRAPAUDS de mer. Les CONGRES (*Marœna hellena*) ou ANGUILLES de mer ; la BLENNIE VIVIPARE ; l'EPINOCHE A QUINZE ÉPINES ; le MULLE ROUGET très-estimé des anciens romains et le MULLE SURMULET qui vit par bandes ; enfin la famille des PLEURONECTES, poissons aplatis dont les deux yeux sont placés à côté l'un de l'autre d'un même côté de la tête, et qui se tiennent habituellement cachés dans le sable en ne laissant dehors que les yeux, est représentée par le TURBOT, la SOLE, la LIMANDE, le CARRELET, etc.

Dans les deux vestibules qui précèdent l'aquarium, sont installés des appareils de pisciculture, où, dans la saison convenable, on peut suivre toutes les phases de l'éclosion et du développement des poissons.

On y voit aussi une série d'insectes à métamorphoses, dont on peut suivre, dans des bocaux où ils sont placés, les diverses transformations.

Et une collection des plantes aquatiques de la France.

Tous les mercredis et les dimanches, à trois heures de l'après-midi, on donne, en présence du public, à manger aux poissons mollusques et zoophytes contenus dans les bacs de l'aquarium.

INSECTES

I. — LÉPIDOPTÈRES.

VER A SOIE ORDINAIRE. (BOMBYX MORI).

Allemand : *Der Seidenwurm.* — Anglais : *The Silkworm.* — Espagnol : *El Gusano de seda.* — Italien : *Il Baco da seta.*

Le ver à soie ordinaire, larve (chenille) d'un lépidoptère nocturne, est originaire de la Chine et des parties méridionales de l'Asie, et vit exclusivement sur le mûrier.

C'est au sixième siècle que deux moines apportèrent cet insecte du fond de l'Asie à Constantinople, d'où les Maures l'importèrent sur les côtes d'Afrique et en Espagne, vers le neuvième siècle. Roger, roi de Sicile, l'introduisit, au douzième siècle dans son royaume ainsi que l'arbre qui lui servait de nourriture. Depuis, la culture du mûrier se propagea en Italie et au commencement du quatorzième siècle, le pape Clément V l'apporta à Avignon. Sous Henri IV, Sully établit une magnanerie dans le Jardin des Tuileries. Depuis lors, l'éducation du ver à soie s'est propagée dans toutes les contrées tempérées de l'Europe, pour plusieurs desquelles elle est, aujourd'hui, une source de richesses.

La soie était connue des Romains qui la tiraient de l'Inde, mais elle était fort rare et se payait au poids de l'or.

Le ver à soie, devenu entièrement domestique, même dans les pays d'où il est originaire, s'élève dans des établissements qu'on appelle *Magnaneries*. Les œufs éclosent au printemps. Après quatre changements de peau, les chenilles se filent un cocon où elles se renferment pour se transformer en chrysalides, et d'où elles sortent à l'état d'insectes parfaits ou de papillons qui, à leur tour, donnent de nouveaux œufs. La soie n'est autre chose que les fils qui forment ces cocons.

VER A SOIE DE L'AILANTE.

(Bombyx cynthia vera).

Cette espèce est indigène des régions tempérées de la Chine, où elle vit sur l'ailante glanduleux et sur plusieurs autres végétaux; car elle n'est pas exclusive comme le ver à soie ordinaire. Elle est cultivée depuis très-longtemps à l'air libre par les Chinois, et produit des cocons allongés d'une couleur rougeâtre qui fournissent une sorte de bourre de soie dont on fait des tissus très-forts et presque inusables, nommé *Siao-Kien*.

Ce ver à soie a été introduit, pour la première fois, en Europe par le P. Fantoni, en 1857, et en France en 1858, par M. Guérin-Méneville, qui est parvenu à le faire reproduire parmi nous. Les premières éducations sont dues à Mme Drouyn de Lhuis, à M. Année et à M. Vallée, Depuis lors, la première éducation industrielle de ce précieux insecte a été faite par M. le comte de Lamotte-Baracé qui l'a répétée deux fois, avec un plein succès, à son château de Coudray, près de Chinon. Enfin, M. Guérin-Méneville, avec le patronage de S. M. l'Empereur, a répété ces expériences sur une grande échelle, avec un succès d'autant plus complet que depuis, Mme de Corneillan et M. le docteur Forgemolle sont parvenus à dévider les cocons de cette espèce comme ceux du ver à soie ordinaire, ce qui donne à cette soie une plus grande valeur industrielle.

VER A SOIE DU RICIN. (Bombyx arrindia).

Propre au Bengale et à une grande partie de l'Inde anglaise, il vit à l'état sauvage et domestique sur le ricin commun, et sur plusieurs autres végétaux. Son introduction en Europe, est due à M. Piddington qui est parvenu à faire arriver à Malte, il y a quelques années, un certain nombre de cocons vivants. M. William Reid, à qui ils furent remis, obtint une éducation complète des jeunes vers. De Malte, cet insecte fut envoyé en Italie à M. Baruffi, qui en fit don à la Société impériale zoologique d'acclimatation. Confiés à M. Guérin-Méneville et à M. Vallée, ces insectes réussirent parfaitement et donnèrent un grand nombre d'œufs qui furent distribués en France et à l'étranger.

Introduit aux îles Canaries, par M. le comte de la Véga, ce ver à soie a produit près de cinquante kilogrammes de cocons. M. Hardy à Alger, M. Brunet au Brésil et M. Mayer au Rio de la Plata, lieux où le ricin croît spontanément, ont complétement réussi dans les expériences qu'ils ont entreprises sur cette espèce remarquable.

Les cocons de ce ver fournissent une bourre que l'on file comme de la filoselle, et dont on fait des tissus peu brillants, mais d'une grande souplesse et d'un très-bon usage. Il est probable que les procédés de Mme de Corneillan et de M. le docteur Forgemolle pourront aussi leur être appliqués et qu'on parviendra à en obtenir de la soie grége.

VER A SOIE DU CHÊNE. (Bombyx pernyi).

Cette espèce vit à l'état sauvage sur certains chênes, et est cultivée dans les parties froides de la Chine, principalement dans la Mandchourie. Elle a été envoyée, il y a environ dix ans, pour la première fois à Lyon, par le P. Perny, évêque de Canton et par M. de Montigny.

La Société d'acclimatation possède, grâce au même M. de Montigny, les chênes sur lesquels cet insecte se nourrit en Chine.

VER A SOIE TUSSAH. (Bombyx militA).

Ce ver à soie, qu'il serait tant à désirer de voir s'acclimater dans nos contrées, vit sauvage au Bengale et dans toutes les parties chaudes de l'Inde, dans les bois où les habitants vont recueillir ses cocons, remarquables par leur volume et leur forme ovoïde. La nourriture qu'il paraît préférer sont les feuilles du jujubier indien (*zyziphus jujuba*), mais il mange aussi d'autres végétaux.

C'est en 1829 que M. Lamarre-Picquot envoya en France les premiers cocons de ce magnifique lépidoptère. Depuis, en 1856, M. Perrotet a fait plusieurs envois de cocons vivants. Les vers furent nourris avec les feuilles du chêne commun et produisirent des cocons ; mais malheureusement la reproduction n'a pu avoir lieu.

Le cocon de ce ver à soie produit une soie grége, très-belle et très-forte, qui, dans l'Inde, porte le nom de *Tussah* et dont on fait une foule d'étoffes solides et très-brillantes ; elle entre dans la fabrication des foulards nommés *Corahs*, et on en importe en Europe des quantités considérables.

VER A SOIE CECROPIA. (Bombyx cecropia).

Cette espèce, propre aux régions tempérées de l'Amérique du Nord, se trouve principalement dans les Carolines, la Louisiane et la Virginie. Elle vit sauvage sur l'orme, la saule et plusieurs autres arbres. Elle fait un gros cocon, à tissu lâche, formé d'une soie assez grossière et comparable à celle du grand-paon. Ce sont MM. Audouin et Lucas qui, en 1840, firent connaître ce ver. Depuis cette époque, la Société impériale zoologique d'acclimatation a reçu deux envois de ces cocons. Le premier ne donna aucun résultat. Le second a produit, grâce aux soins de M. Vallée, des vers qui se sont parfaitement développés et ont donné de très-beaux cocons.

VER A SOIE SAUVAGE DU JAPON.

(Bombyx yama-maï).

Sous la simple dénomination de vers sauvages, *yama-maï,* M. Duchesne de Bellecourt, consul de France à Yédo, a envoyé une certaine quantité de graines d'un ver à soie inconnu jusqu'ici. Ces graines, remises à M. Vallée, ont donné des vers qui refusèrent toute espèce de nourriture, excepté les feuilles du chêne cuspidé, et que l'on continua ensuite à nourrir avec celles de plusieurs autres espèces du même genre. Cette chenille ne paraît pas avoir besoin d'une grande chaleur, et s'est montrée vigoureuse et facile à élever ; son cocon, d'un jaune verdâtre, est construit comme ceux du ver à soie ordinaire et peut se dévider en belle soie grége.

Une éducation, faite en 1863 au Jardin, a très-bien réussi, et a permis de distribuer une assez grande quantité de graines à divers membres de la Société. (Voir Bulletin de la société d'acclimatation 1863 et 1864.)

II. — HYMÉNOPTÈRES

ABEILLE MELLIFIQUE. (Apis mellifica).

Allemand : *Die Honigbiene.* — Anglais : *The Honey-bee.* — Espagnol : *La Aveja.* — Italien : *L'Ape.*

Ce précieux insecte est propre à l'Europe et au Nord de l'Afrique. Il existe aussi en Amérique, mais il y a été importé d'Europe. Réduit en une sorte de domesticité depuis des temps très-reculés, on le trouve encore à l'état sauvage dans nos grandes forêts, où il vit en sociétés nombreuses dans les arbres creux et dans les anfractuosités des rochers. A l'état domestique, il habite des demeures préparées pour lui, et qu'on appelle *ruches.*

Les sociétés ou colonies que forment les abeilles sont

composées de trois sortes d'individus : les mâles nommés *faux-bourdons,* au nombre de quelques centaines ; une femelle appelée *reine,* et les *neutres* ou ouvrières, dont le nombre varie suivant l'importance de la ruche et s'élève souvent à plusieurs milliers. La reine, toujours unique dans chaque colonie, suffit à la reproduction. Elle est l'objet des soins des ouvrières qui l'accompagnent partout et la nourrissent avec la plus grande sollicitude. Les faux-bourdons ne servent qu'à féconder la femelle unique, et meurent après avoir rempli leur mission. Les ouvrières, enfin, sont chargées de tous les travaux de la ruche, construisent les rayons, recueillent le miel dont elles les remplissent, et nourrissent les jeunes larves. Ces dernières, arrivées à l'état d'insectes parfaits, quittent la ruche et vont, sous la conduite d'une reine née avec elles, former une nouvelle colonie. C'est ce qu'on appelle un *essaim,* que l'on recueille et que l'on place dans une autre ruche, où il s'installe aussitôt. Chaque ruche donne deux ou trois essaims par an.

Le miel et la cire produits par ces insectes sont l'objet d'un commerce fort important dans plusieurs de nos départements.

ABEILLE JAUNE DES ALPES. (Apis ligustica).

Cette espèce, qui ne diffère guère de la précédente que par la couleur jaune des anneaux supérieurs de l'abdomen, dont l'extrémité est aussi plus pointue, se trouve dans les Alpes suisses et italiennes, en Lombardie, et abonde surtout dans la Valteline. Depuis quelques années, on s'occupe beaucoup de sa propagation en Allemagne, et on l'a même transportée aux États-Unis.

Cette abeille dont le vol est moins bruyant que celui de la nôtre, est aussi plus douce, et passe pour butiner plus activement, et pour donner une plus grande proportion de miel.

VÉGÉTAUX

Comme le nombre de plantes utiles ou d'ornement que possède le Jardin, soit dans les serres, soit à l'air libre et disséminées sur tous les points de son étendue, est infiniment trop grand pour qu'il nous soit possible d'en donner l'énumération, et que d'ailleurs, elles portent toutes une étiquette indiquant leurs noms et leur patrie, nous nous bornerons à signaler ici quelques-unes de celles qui sont cultivées dans le Jardin d'expériences, et dont la culture réussit sous le climat de Paris. Elles proviennent, pour la plupart, de graines ou de plants envoyés, des diverses parties du monde, à la Société impériale zoologique d'acclimatation.

Les plus remarquables sont :

Poire de terre cochet. Plante des Indes, dont les racines produisent du sucre, de l'alcool et de la potasse. C'est une précieuse conquête pour l'agriculture, et qui pourra rendre de grands services à l'industrie (voir les bulletins de la Société d'acclimatation, juin 1863 et septembre 1864).

Pomme de terre (*Solanum tuberosum*). Seize variétés de provenance américaine, australienne et péruvienne. Toutes ces variétés ont été dégustées par le public, dans des conférences faites au Jardin, et on n'a conservé que celles qui ont été jugées supérieures ou au moins égales à nos anciennes variétés. Elles ont le grand mérite d'avoir jusqu'à présent été exemptes de maladie.

Igname de Chine (*Diacorea batatas*), racine alimentaire, s'accommodant comme les pommes de terre, mais d'une qualité supérieure.

Cerfeuil bulbeux (*Chenophyllum bulbosum*), racine alimentaire qui l'emporte par le goût sur l'igname de Chine.

Tomate a tige raide (*Lycopersicum pyramidalis*), variété nouvelle à très-gros fruit, plus charnu que celui de la tomate ordinaire. Elle a en outre l'avantage de n'avoir pas besoin de tuteur.

Pois (*Pisum sativum*), deux variétés nouvelles très-estimées.

Haricot (*Phaseolus vulgaris*), trois variétés nouvelles de l'Algérie et de la Chine.

Courge musquée (*Cucurbita moschata*), espèce africaine à chair saumonée, d'un goût très-délicat. Elle est bien supérieure à tous nos potirons.

Coucourzelle d'Italie (*Cucurbita pepo*), espèce non traçante, dont les fruits se mangent aussitôt qu'ils sont noués et aussi lorsqu'ils sont arrivés à leur maturité.

Tétragonie étalée (*Tetragonia expansa*), plante de la Nouvelle-Zélande, produisant un excellent légume analogue à l'épinard ; ne monte pas en graine et produit d'autant plus que la chaleur est plus forte, qualité précieuse de juin à septembre.

Maïs (*Zea maïs*), trois variétés très-productives, naines et hâtives ; leur grain petit est très-propre à la nourriture des oiseaux.

Vigne (*Vitis vinifera*), plusieurs variétés venues du Canada et de la Chine. Elles vont commencer à fructifier et pourront être appréciées.

Pommier (*Malus communis*), plusieurs variétés de diverses provenances étrangères. Leur fructification prochaine nous permettra de les juger.

Érable a sucre (*Acer saccharinum*), arbre de l'Amérique septentrionale, dont la sève, par incision, produit une assez grande quantité de sucre cristallisable qu'emploient les habitants des pays où il croît. Son bois, très-recherché dans l'industrie, est regardé comme le meilleur pour le chauffage.

PYRÈTHRE DU CAUCASE (*Pyrethrum rigidum*), plante vivace dont les capitules des fleurs desséchées fournissent la meilleure poudre employée pour faire périr les insectes.

ORTIE COTONNEUSE (*Urtica nivea*), plante vivace de Chine, à feuilles blanches en dessous, et produisant un bon effet dans les jardins. Les tiges fournissent une excellente filasse, dont on fait des toiles nommées par les anglais *Grass cloth*. On l'utilise avantageusement dans l'Ouest de la France.

NERPRUN A TEINTURE (*Rhamnus utilis*), arbrisseau de la Chine introduit depuis quelques années seulement en France, où il prospère. C'est de lui que l'on tire la couleur verte, dite *Lo-kao* ou *Vert de Chine*, presque inaltérable à l'air et à la lumière.

PALMIER ÉLEVÉ (*Chamærops excelsa*), arbre de la Chine qui résiste à nos plus grands froids, au moyen d'un léger abri, et qui est un bel ornement pour nos jardins.

EUCALYPTE (*Eucalyptus*), dix variétés dont les plus estimées sont : le *Globulus*, le *Corinocalyx* et le *Salicifolia*. Ce sont de beaux arbres de l'Australie, d'une végétation rapide, et dont le bois très-dur est recherché pour les constructions. Ils exigent une température ne descendant pas à plus de 4 degrés au-dessous de zéro.

Le Catalogue des végétaux disponibles sera adressé franco à toutes les personnes qui en feront la demande.

TABLE ALPHABÉTIQUE DES MATIÈRES.

FIN DE LA TABLE ALPHABÉTIQUE

IMPRIMERIE DE RADENEZ. A MONTDIDIER (SOMME.)

PLAN DU JARDIN ZOOLOGIQUE D'ACCLIMATATION DU BOIS DE BOULOGNE.
Boulevart
Maillot
Porte des Sablons
Porte de Neuilly
Mare de Neuilly
Entrée principale
Le Rocher
BOIS
DE
BOULOGNE
LEGENDE.

JARDIN ZOOLOGIQUE D'ACCLIMATATION

Entrées du Jardin

1° Porte des Sablons, près de la porte Maillot et de l'avenue de l'Impératrice.
2° Porte de Neuilly, avenue de Neuilly.

Moyens de transport

1° Le chemin de fer d'Auteuil, station de la porte Maillot et de l'Avenue de l'Impératrice.
2° Les omnibus de Neuilly et de Courbevoie.
3° Les voitures de place et de remise, aux prix fixés par le tarif.

Prix d'entrée

En semaine.

Pour le Jardin zoologique et les serres, par personne 1 fr. » c.

Les dimanches et jours de fête.

Pour le Jardin zoologique seulement. . . . . » 50 c.
Supplément pour les serres. . . . . » 50 c.

Tous les jours.

Pour une voiture et sa livrée, non compris le droit d'entrée des personnes que contient la voiture. . . . . 3 fr. » c.
Les personnes à cheval ne sont point admises à circuler dans le jardin.

Réductions de prix pour les Lycées, Institutions, Pensions et Séminaires

De 10 à 20 élèves . . . . 50 c.
Au-dessus de 20 . . . . 25 c.

Entrées gratuites

1° MM. les Actionnaires, qui doivent signer en passant au tourniquet, comme seul moyen de contrôle des entrées gratuites.
2° MM. les Membres de la Société impériale d'acclimatation, avec leurs cartes, dix fois par an, en outre des convocations générales.
3° Les enfants au-dessous de 8 ans; chaque personne ne pouvant en introduire qu'un gratuitement.

Abonnements

Une seule personne. . . . . 25 fr. par an.
Deux personnes. . . . . 40 —
Trois personnes. . . . . 50 —
Pour une famille de plus de trois personnes, 5 fr. pour chaque personne au-delà des trois premières à ajouter au chiffre de 50 fr.
Abonnement des voitures : 60 fr. par an.

MONTDIDIER (SOMME) — TYPOGRAPHIE RADENEZ